Tirol

Ein Land voller Vitalität – im Spagat zwischen Tradition und Tourismus

Liebe Leserin, lieber Leser,

Österreich im Allgemeinen und Tirol im Besonderen gehören zu den beliebtesten Reisezielen der Deutschen. Seit rund hundert Jahren ist das einstige Transitland Tirol eine Region, die mit und vom Tourismus lebt. Und immer schon waren es vor allem die Berge, die den Reisenden anziehen und faszinieren – im Sommer als idyllisches Wanderrefugium, im Winter, wenn uns schneebedeckte Hänge zum Skifahren oder Snowboarden animieren.

Ob und inwieweit der Tourismus Land und Leute verändert, ist eine Frage, auf die dieses Heft Antworten geben möchte. Unsere Autoren und Fotografen haben sich während ihrer Recherchen immer wieder damit auseinander gesetzt: In Innsbruck, der Stadt im Gebirge, die gern 365 Tage im Jahr Saison hätte, in Sölden, dem Ski-Paradies, das sich dem Massentourismus verschrieben hat, aber auch in Osttirol, wo vieles noch so ist, wie es immer schon war.

Der Tiroler – geschäftstüchtig auf der einen, traditionsbewusst und Veränderungen gegenüber zurückhaltend auf der anderen Seite – übt sich in einem ständigen Spagat: Da wird eisern an jahrhundertealtem Tiroler Brauchtum festgehalten; es werden treu vornehmlich die eigenen landwirtschaftlichen Produkte verzehrt, und zeitgleich mit dem Bau neuer Straßen, Bergbahnen und Freizeitparks wird das Land in einen möglichst ganzjährigen Tummelplatz für Touristen aus aller Welt verwandelt.

Für den Reisenden weniger ein Problem als für manchen Einheimischen, findet der Urlauber doch – ganz nach Gusto – immer noch viele ruhige, ursprüngliche Gegenden oder eben moderne Ziele, mit breitem, vor allem sportlichem Angebot.

Ganz gleich, was Sie, liebe Leser, bevorzugen:

Viel Spaß beim Lesen. Herzlich, Ihr

Andreas Hallaschka
MERIAN-Chefredakteur

PARTY TOTAL erlebten MERIAN-Autor Johannes Schweikle (l.) und Fotograf Jan Greune in Sölden. Beide fanden aber auch Zeit, um das zu tun, weshalb man eigentlich in die Berge fährt: Ski fahren. **Seite 90**

BERGBAUER SEPP KAHN beeindruckte Autor Stefan Becker (l.) und Fotograf Andreas Riedmiller (r.): Der Senner macht nicht nur ausgezeichneten Käse, er schreibt auch Gedichte **Seite 108**

SCHRIFTSTELLER WALTER KLIER (r.) hat sich mit Fotograf Klaus Bossemeyer seiner Heimatstadt Innsbruck von zwei Seiten genähert – mit dem Blick des Hiesigen und dem des Fremden **Seite 30**

>> Mehr MERIAN im Internet: www.merian.de

Tirol

RUBRIKEN

>> Titelthemen

SEITE 30

INNSBRUCK, STADT IM GEBIRGE

So hoch und nah bei den Bergen, wo sonst nur einsame Dörfer zu finden sind, liegt Tirols Hauptstadt

MERIAN | Info >> SEITE 118

SEITE 90

SKI-ZIRKUS-SÖLDEN

Ski- und Partyurlaub vor dem Panorama der Ötztaler Alpen: An Sölden und seinem Bekenntnis zum Massentourismus scheiden sich die Geister

SEITE 108

BERGBAUER UND POET

Sepp Kahn verbringt einen guten Teil des Jahres allein auf seinen zwei Almen. Der Senner ist aber keineswegs ein Hinterwäldler: Er schreibt Gedichte und hat fortschrittliche Ansichten über die Landwirtschaft

SEITE 100

ADRENALIN-KICK

Tirol bietet Aktiv-Urlaubern ein breites Betätigungsfeld. Sechs Sportarten an sechs Tagen – durchaus keine Unmöglichkeit

SEITE 12

PORTFOLIO

Eine fotografische Reise durchs Land: Berge, Häuser, Seen, Tiere, Pflanzen und Menschen

Nein, keine Blockhütte bei Denver, Colorado, sondern ein Supermarkt in Kematen, Tirol

ARCHITEKTUR

Supermarkt für Ästheten

Geht es um wirtschaftliche Unternehmungen, ist viel von „corporate identy" die Rede, was gemeinhin so aussieht, dass alle Filialen einer Geschäftskette rund um den Globus exakt gleich aussehen. Eine corporate identy der ganz anderen Art hat sich der Tiroler Supermarkt MPREIS verordnet: Jede der über 100 Filialen soll unverwechselbar und einzigartig sein. Um dies zu erreichen, wird jeder MPREIS-Laden von einem neuen Architekten gestaltet – bekannt oder unbekannt, aus der Region oder international renommiert. Einzige Vorgabe des Auftraggebers: „Klarheit und Transparenz, das bewusste Einbeziehen von Innen und Außen." Ein erfolgreiches Konzept: MPREIS-Filialen werden nicht nur besucht, wenn die Milch im Kühlschrank fehlt, mancher Supermarkt wird gezielt wie eine klassische Sehenswürdigkeit angesteuert. Weitere Infos: www.m-preis.at

Putzig: Das Murmeltier ist ein typischer Alpenbewohner

TIERISCH **Alpen**zoo

Im Innsbrucker Alpenzoo leben rund 2000 Tiere aus 150 Gattungen, die natürliche Bewohner des Alpenraums sind oder waren. Ein Schutzprogramm beschäftigt sich mit der Pflege gefährdeter Arten. So konnte der Bartgeier kürzlich in seinen eigentlichen Lebensraum zurückkehren, weil im Alpenzoo bereits vor 30 Jahren mit der Nachzucht begonnen wurde.

EUROPÄISCHES FORUM **Alpbach**

Seit 1945 treffen sich jedes Jahr führende Vertreter aus Politik, Wirtschaft, Kultur und Wissenschaft, aber auch Studenten und interessierte Laien in dem kleinen Bergdorf Alpbach, 60 Kilometer östlich von Innsbruck. Zu einem jährlich wechselnden Thema finden Seminare und Diskussionsveranstaltungen statt. Ziel: interdisziplinäre Problemlösungen zu Fragen der Zeit zu finden. Vom 19. August bis 4. September 2004 wird zum Thema „Grenzen und Grenzüberschreitungen" geforscht und debattiert.

TIROLER KÖPFE

PETER STEINLECHNER, Sänger der „Schürzenjäger": „Tirol ist eine der schönsten Gegenden, aber wir werden vom Transit überrollt. Schade, dass dies nicht berücksichtigt wurde, bevor Österreich der EU beitrat."

RAIMUND MARGREITER, Österreichs bekanntester Herzchirurg: „Tirol bietet mir die Möglichkeit, in einem Traumambiente meinen Provinzialismus auszuleben, um im eigenen Fachbereich zu zeigen, dass der Bartl den Most gelegentlich hinter den Bergen holt."

TOBIAS MORETTI, Schauspieler (Foto: in der Rolle des Andreas Hofer): „Ohne Heimat ist man wie Staub im Wind. Wenn aber Heimatverbundenheit zur Engstirnigkeit verkommt, hat man etwas falsch verstanden."

Erst einen Regenmantel gekauft.
Dann eine warme Fellmütze.
Dann neue Winterreifen.
Und dann einen neuen Bikini.
Jetzt mit den gesammelten
Membership Rewards Punkten die Sonne genießen.
AMERICAN EXPRESS
3750
00000
84

Skiparadies am Kitzbüheler Horn. Hier wagte vor über 100 Jahren Pionier Franz Reisch die ersten Schwünge mit 2,40 Meter langen Holzlatten

Kitzbühel und die Streif

Wie Fridtjof Nansens Expeditionen die Skier nach Kitzbühel brachten

Damals, Ende des 19. Jahrhunderts, war das heute so mondäne **Kitz** ein verschlafenes Nest. Eine Bergbauernregion, in der die Menschen hart arbeiteten und getreulich beteten. Touristen verirrten sich kaum hierher. Schon gar nicht im Winter, wozu auch, wirkten doch die schneebedeckten Berge unzugänglich und abweisend. Es mag in so einer unwirtlichen Winternacht gewesen sein, als der Kitzbüheler Franz Reisch behaglich daheim vor dem Ofen saß und las. Ein Buch von Fridtjof Nansen, einem der populärsten Abenteurer und Entdecker seiner Zeit. Der Norweger schrieb über seine spektakuläre Durchquerung Grönlands mittels – so las es der staunende Reisch – zweier schmaler, an den Füßen befestigter Holzlatten, Ski genannt. Reisch war fasziniert und ließ sich 1892 das erste Paar Ski aus Norwegen schicken. Gemeinsam mit seinem Freund Josef Herold experimentierte er mit 2,40 Meter langen **Schneeschuhen** auf dem Kitzbühler Horn. Einheimische taten die beiden vorerst als **narrisch** ab. Als dieser **Sport** jedoch immer mehr Touristen begeisterte, witterte Reisch seine Chance und schrieb Führungstouren aus. So ging es ab 1900 mit dem Wintertourismus in Kitzbühel steil nach oben, und der belächelte **Ski-Narr** Reisch brachte es bis zum Kitzbüheler Bürgermeister. Kurz nach der Jahrhundertwende eröffnete das **Hotel Kitzbühel** (später **Grand Hotel**). Es wurde rasch zum Treffpunkt der feinen Gesellschaft. Höhepunkt dieser Entwicklung waren die dreißiger Jahre. Piekfeine Partys, Bälle – Kitzbühel war die Weltstadt des Wintersports: Adel, Schriftsteller, und Showstars gaben sich die Klinke, pardon Skier, in die Hand. 1931 fand das erste Hahnenkammrennen statt, das sich zum bedeutendsten Skirennen der Welt entwickeln sollte. Wer als Schnellster beim Abfahrtsrennen auf der so genannten **Streif** über **Startschuss**, **Mausefalle** und **Steilhang** donnert, gehört zu den Großen des Skisports. Ist es gar ein Österreicher wie der zweifache Sieger Toni Sailer, der Dreifach-Gewinner Karl Schranz oder der viermalige Triumphator Franz Klammer, wird er zum Nationalhelden, und nur die republikanische Staatsform verhindert seine Krönung. Rund 100 Jahre nachdem Fridtjof Nansen die Skier nach Kitzbühel brachte, trug sich 1990 übrigens mit Atle Skaardal der erste und bislang einzige Norweger in die Siegerliste ein.

ZAHLENSPIEL

6 Milliarden
Euro an Devisen bringt der Tourismus nach Tirol

341 419
Tonnen Milch werden pro Jahr in Tirol produziert

302 532
Hektar werden als Almen genutzt

186 450
Rinder gibt es in Tirol

10 000
Quellen mit etwa 1,5 Mrd. Kubikmeter Wasser entspringen auf Tiroler Böden

6000
Kilometer Radwanderwege durchziehen das Land

3500
Kilometer präparierte Skipisten stehen Skifahrern und Snowboardern zur Verfügung

1141
Seilbahnen und Lifte transportieren Touristen auf die Berge

180
Skischulen bringen Urlaubern den richtigen Schwung bei

57
Badeseen sorgen für Abkühlung in heißen Sommern

TIROLER KÖPFE

TONI SAILER, Tiroler Ski-Idol: „Ich bin in meinem Leben nicht blind durch die Welt gefahren, habe viel Schönes gesehen, aber am schönsten ist es einfach hier. Tirol is' halt lei oans."

ANNA STAINER-KNITTEL (1841-1915), Künstlerin, besser bekannt unter dem Roman-Namen „Geierwally", stieg allein in die Saxerwand, hob einen Adlerhorst aus und bewies auch sonst im Leben Mut: Als einzige Frau ihrer Zeit studierte sie Kunst in München.

FRANZ FISCHLER, EU-Kommissar: „Tirol ist meine Drittheimat neben Österreich und Europa. Tirol ist ein Land der Dickköpfe, Berge und Täler, wo sich Tradition und Brauchtum mit Moderne und Fortschritt mischen."

KULTUR erLEBEN

TODKOMISCH
Museums**Friedhof**

„Die Tiroler sind lustig, die Tiroler sind froh...", behauptet ein Volkslied. Falls es noch eines Beweises bedarf – hier ist er: Zu dem Museumsfriedhof nach Kramsach pilgern jährlich rund 200 000 Besucher – zu Recht! –, denn hier findet man geschmiedete Kreuze mit Inschriften, die der Tiroler Seele auf den grabestiefen Grund schauen lassen. „Hier ruht mein lieber Arzt, Herr Grimm, und alle, die er heilte, neben ihm", liest man oder „Hier liegt Martin Krug, der Kinder, Weib und Orgel schlug." Was für ein Zeugnis! Seit gut 40 Jahren sammelt die Familie Guggenberger diese Kleinode, der Rundgang über den kleinen „Friedhof ohne Tote" ist kostenlos. Diese Volkskünste seien „eherne Liebeszeichen", erklärt die Werbebroschüre. Und Liebe braucht nicht immer viele Worte: „Aufigschtieg'n – obagfalln – hingwes'n". Auf den Punkt gebracht. Manchmal ist die Trauer größer: „Es liegt begraben die ehrsame Jungfrau Nothburg Nindl, gestorben ist sie im siebzehnten Jahr, just als sie zu brauchen war."

MUSIK
Klangspuren **Schwaz**

Das Klangspuren-Festival in Schwaz will Lust machen auf zeitgenössische Kompositionen. Ungewöhnliche Auftrittsorte wie Supermärkte oder Fabrikhallen und ein Programm-Mix aus etablierter Avantgarde und Experiment zogen schon Stars wie Philip Glass und Laurie Anderson ins Inntal. 2004, im elften Jahr seines Bestehens, hat das jährlich im September stattfindende Festival Litauen, Ungarn und Slowenien im Fokus.
Infos: www.klangspuren.at; Tel. (052 42) 735 82

Urlauben und Gutes tun: Arbeitshilfe für Tiroler Bergbauern

BERGBAUERN
Arbeits**Urlaub**

Das Leben auf einem Bergbauernhof ist kein Zuckerschlecken. Der Verein „Freiwillige Arbeitseinsätze" hilft: Seit Mitte der neunziger Jahre vermittelt er freiwillige Helfer auf Bergbauernhöfe. Bislang nur in Südtirol, ab Frühjahr 2004 soll das Projekt auch im Norden starten. Die Freiwilligen helfen bei der Ernte, im Haushalt oder bei der Kinderbetreuung. Für das mindestens einwöchige Engagement werden sie bei freier Kost und Logis in das Familienleben integriert, intensiver, als es jeder klassische „Urlaub auf dem Bauernhof" bieten kann. Infos: www.miar.at; Tel. (054 42) 678 04

TIROLER KÖPFE

HANSI HINTERSEER, Schauspieler und Volksmusiker: „Leider sind in den letzten Jahren viele betriebsblind geworden: Die Natur muss man schützen und nicht alles verkaufen. Das muss uns Tirolern bewusst sein."

GERHARD BERGER, Ex-Formel-1-Fahrer: „Auch wenn es mir in meiner neuen Heimat Monaco sehr gut gefällt – ich bin in Tirol geboren, und meine Wurzeln sind dort. Tirol ist und bleibt mein liebstes Urlaubsziel."

PAUL FLORA, Zeichner: „Ich wurde als italienischer Untertan geboren, wurde mit sechs Jahren für zehn Jahre Österreicher, war dann sieben Jahre lang deutscher Staatsbürger und bin seit 1945 wieder Österreicher."

FCB/Wilkens
OLYMPUS
Your Vision, Our Future
DER MOMENT: PERFEKT.
DIE KAMERA: AUSGEZEICHNET.
Die Olympus μ [mju:] 400 DIGITAL:
Beste digitale Consumer-Kamera
bei den TIPA European Photo & Imaging Awards 2003/2004.
4 Millionen Pixel in einem wetterfesten* Metallgehäuse.
OLYMPUS
4.0 MEGAPIXEL
TIPA
TECHNICAL IMAGE PRESS ASSOCIATION
www.olympus.de
*entspricht IEC Standard publication 529 IPX4

Gipfelglück: Ein Wanderer genießt auf der westlichen Karwendelspitze (2385 m) den Triumph des Aufstiegs. Lohn der Mühen: ein Ausblick, der seinesgleichen sucht

B

Wer aufsteigt, dem öffnet sich ein Panorama aus Gipfeln, Schluchten, Flüssen und Seen. Der Wanderer wird Gastlichkeit und Mentalität der Menschen hier schätzen, wenn er versteht: Tirol, das ist zuallererst das Land der

ERGE

Der erste Blick des Reisenden erfolgt oft aus dem Auto: Herbstlich gefärbte Wälder und imposante Bergkulissen rauschen vorbei. Wer anhält und den Fokus schärfer stellt, staunt über stolze Bauern mit geschmücktem und preisgekröntem Vieh und erkennt schnell, dass Geranien offenbar die beliebtesten Tiroler Blumen sind. Manche Bäuerinnen sprechen mit ihren Blumen, damit sie besser gedeihen, wer ganz sichergehen will, sucht hierfür eine der vielen Kirchen oder Kapellen auf

Heimat, Kirche, Häuslichkeit

Herausgeputzt hat sich dieses typische alte Bauernhaus an der Südseite des Großglockners in der Ortschaft Kals

Foto: Peter Mathis

Foto: Peter Mathis

Ein Paradies für Taucher

Der Fernsteinsee, auf 930 m Höhe zwischen Reutte und Imst gelegen, ist mit seinem klaren und fischreichen Wasser bei Tauchern beliebt. Abtauchen in einem Land, in dem sonst alle Welt aufsteigt. Aber Achtung: Der See ist kein Revier für Anfänger. Eine Gedenktafel erinnert an verunglückte Aquanauten und mahnt zur Vorsicht

Foto: Lois Lammerhuber

Zeitlose Geborgenheit

Allein die Uhr an der Wand des alten Bauernhauses bezeugt das Verstreichen der Zeit, die ansonsten stehen geblieben scheint. Gestern noch ein Kind, heute eine alte Frau – immer geschützt von den gleichen vier Wänden aus Holz und behütet vom Herrn Jesus im Stubeneck

Doch nichts ist ewig

Die Gletscher der Ötztaler Alpen umschließen den Fels wie ein Kokon. Von Dauer ist die weißblau schimmernde Pracht jedoch nicht: Die einstmals als „ewiges Eis“ bezeichneten Giganten sind langsam auf dem Rückzug. Die warmen Sommer der letzten Jahrzehnte lassen die Gletscher überall in den Alpen schmelzen, durchschnittlich 12 Meter Länge verloren sie allein im Winter 2001/02

Foto: Lois Lammerhuber

Schleier-Wasserfall im bei Haslach Nationalpark Hohe Tauern

Foto: Lois Lammerhuber

Burg Heinfels im Pustertal

Edelweiß am Rand des Klettersteigs zum Großvenediger

Gebirgslandschaft am Großglockner

Abenteuer am Fluss im Dorfer Tal

Burgherr müsste man sein, am besten in Burg Heinfels, der Königin des Pustertals und im 13. Jahrhundert Wohnsitz der Grafen Görz. Dort liegen die Schönheiten Osttirols direkt vor dem Burgtor. Ein Abstecher in den Nationalpark Hohe Tauern führt vorbei an fallenden Wassern und tosenden Gebirgsbächen hinauf in die Einsamkeit des Hochgebirges. Und wer die Augen offen hält, mag sogar einen Blick aufs seltene Edelweiß erhaschen

Die pure Natur im wilden Osten

Foto: Lois Hechenblaikner

Schau' ins Land

Weit war der Weg mit nagelbewehrtem Schuhwerk hinauf zur Alpbachtaler Silberbergalm. Und weit reicht nun der Blick hinunter, über den Bergrücken des Reither Kogels hinweg, bis hinüber ins Zillertal – eine wahre Bilderbuch- und Seelen-Landschaft

Was ist das eigentlich, T

Historische Streiflichter von Michael Forcher

Es sind zwei Besonderheiten, über die sich die Tiroler gerne definieren: als Bewohner eines Landes der Berge im Herzen Europas (mit allen Vor- und Nachteilen vom Transitproblem bis zum Tourismusland Nr. 1) und über die an Höhepunkten und Eigenheiten reiche Geschichte. Kritische junge Tiroler mögen die Eckpunkte ihres Selbstverständnisses anders setzen als konservative ältere Menschen, im Prinzip läuft es auf dasselbe hinaus. Ein Blick in die Geschichte ist jedenfalls nicht die schlechteste Methode, ein Land und seine Menschen kennen zu lernen und vielleicht besser zu begreifen. Einige Streiflichter über 1000 Jahre hinweg sollen helfen, Tirol näher zu kommen.

Um das Jahr 1000 waren in großen Teilen der vormals römischen Provinz Rätien längst Bajuwaren sesshaft geworden, die Täler nördlich und südlich des Brenners gehörten zum Herzogtum Bayern. Über diesen Pass (und weiter westlich über den Reschen) zog eine stattliche Zahl deutscher Könige, um in Rom zu Kaisern gekrönt zu werden. Zur Sicherung dieses „Kaiserweges“ lösten Kaiser Heinrich II. und seine Nachfolger zwischen 1004 und 1091 die Grafschaften am Brennerweg aus dem Herzogtum Bayern heraus und übertrugen sie den Bischöfen von Trient und Brixen. Die Bischöfe konnten ihre Stellung aber nicht halten und verloren sie an die zur Verwaltung gerufenen Grafenfamilien, deren mächtigste – und glücklichste – sich nach ihrer Burg Tirol oberhalb von Meran nannte. Sie war es, die durch Heiratspolitik, Erbschaft und Gewalt die anderen Geschlechter aus ihren Positionen verdrängten und – von Süden aus – die Grafschaften nördlich und südlich des Alpenhauptkamms einigten. Bald sprach man vom „Land Tirol“, dessen Verwaltung und Wirtschaftskraft, innere Stabilität und äußere Sicherheit gegen Ende des 13. Jahrhunderts unter Meinhard II., Graf von Tirol-Görz und Herzog von Kärnten, einen hohen Standard erreichten. Die ersten Habsburger, die über Tirol regierten (seit 1363), gewannen einige Täler im Süden hinzu; Kaiser Maximilian I. vergrößerte Tirol nach Osten hin, indem er nach dem Aussterben der Görzer Grafen (1500) die Herrschaft Lienz und das Pustertal erwarb, mit Tirol vereinte und 1504 die Gerichte Kufstein, Rattenberg und Kitzbühel gewann.

Über 600 Jahre lang wurde die natürliche Einheit des Passlandes Tirols nicht in Frage gestellt.

Es sollte dem amerikanischen Präsidenten Wilson vorbehalten bleiben, dem Verbündeten Italien 1919 im Frieden von Saint-Germain die Brennergrenze zuzuerkennen und damit nicht nur gegen eine historisch gewachsene Einheit, sondern auch gegen das von ihm proklamierte Selbstbestimmungsrecht der Völker zu verstoßen. Dabei waren den Tirolern Selbst- und Mitbestimmung stets sehr wichtig. Die uralte demokratische Tradition ist die zweite Besonderheit der Tiroler Geschichte. Natürlich funktionierten die berühmten Tiroler Landtage, die es seit dem frühen 15. Jahrhundert gibt, nicht nach heutigen demokratischen Grundsätzen. Immerhin waren aber auch der Landbevölkerung Rechte zugesprochen, die sie damals nur in wenigen Ländern hatte. Schon 1342 hatten die Wittelsbacher, die gerade in den Besitz Tirols gelangt waren, allen Ständen, ausdrücklich auch den Landgemeinden, weitgehende Privilegien und ein Mitspracherecht bei der Regierung beurkundet. Zur Geltung kamen sie allerdings erst viel später, als die Habsburger, die Nachfolger der Wittelsbacher als Tiroler Landesfürsten, die Hilfe der unteren Stände gegen innere und äußere Feinde brauchten.

Die Landbevölkerung war im Übrigen keine Einheit: Da gab es die wohlhabenden Bauern, die im Dorf und im Landtag das Sagen hatten. Und da gab es die Knechte, Landarbeiter und Kleinhäusler, die keinerlei Rechte hatten. Sie waren es, die 1525 die bäuerliche Aufstandsbewegung gegen jahrelange Unterdrückung für die Herrschenden bedrohlich werden ließen. Der Anführer der Rebellen, Michael Gaismair (siehe auch Porträt, Seite 138), wollte eine Landesverfassung, die allen Bevölkerungsgruppen ein möglichst gleiches Maß an Rechten und Pflichten und ein menschenwürdiges Leben sichern sollte. Als der Landesfürst dazu nicht zu gewinnen war, wurde Gaismair zum Revolutionär, der die bestehende Ordnung nicht verbessern, sondern stürzen und durch eine neue, gerechtere, ersetzen wollte. Er scheiterte an der Staatsmacht, die ihn verfolgen und im Exil ermorden ließ – das konsquente Ende einer der ganz großen Persönlichkeiten der Tiroler Geschichte.

Als Antipode des „linken" Michael Gaismair wird oft der konservative „Revolutionär" Andreas Hofer gesehen. Ziel des Freiheitskampfes von 1809 war es nämlich nicht, Staat und Gesellschaft gerechter zu ordnen, sondern die alte Ordnung wieder herzustellen. Man kann Andreas Hofer auch als Vertreter der föderalistischen Komponente der Tiroler Geschichte sehen. Denn stets waren die Wortführer der Tiroler Bevölkerung bemüht, dem Lande seine Selbstständigkeit innerhalb größerer Machtblöcke zu erhalten, zumindest möglichst viel davon.

Dieses Motiv war schon ausschlaggebend gewesen, als die Räte der letzten Tiroler Gräfin Margarethe Maultasch nach dem Tod ihres Sohnes Meinhard III. zustimmten, das Land nicht den verwandten Wittelsbachern oder den mächtigen Luxemburgern, sondern den Habsburgern zu übergeben. Man durfte sich innerhalb Österreichs am meisten Selbstständigkeit erwarten. Die Tiroler haben sich darin nicht getäuscht.

Die mehrmalige Aufteilung der habsburgischen Länder führte dazu, dass Tirol zweimal über jeweils rund 100 Jahre eigene Landesfürsten hatte und viel Selbstständigkeit genoss. Dazwischen regierte Kaiser Maximilian I. zwar wieder allein über alle österreichischen Länder, doch weilte der unstet herumziehende Herrscher mit seinen ganz Europa umfassenden Plänen häufig in Tirol, richtete in Innsbruck die Hofhaltung seiner zweiten Gemahlin Bianca Maria Sforza ein und ging sogar daran, in Tirol zentrale Regierungsstellen für das Reich zu etablieren, was jedoch am Widerstand der Kurfürsten scheiterte.

Mit dem Aufkommen des Absolutismus im 17. Jahrhundert ging jede Selbstständigkeit verloren. Als das Land 1805 durch das Diktat Napoleons an Bayern fiel, machte die bayerische Regierung den Fehler, die Tiroler zu Bayern machen zu wollen. Man nahm den neuen Untertanen die letzten Reste einer wenigstens zum Schein noch existierenden Autonomie und zwang ihnen unverständliche Gesetze auf. So hatte es die Wiener Propaganda leicht, die Tiroler gegen das bayerische Regiment aufzuhetzten, als 1809 ein neuer Waffengang gegen Napoleon und seine Verbündeten bevorstand. Es waren die turbulentesten Monate in Tirols Geschichte: mehrmalige Vertreibung der Besatzer, Wiedereroberung, Kämpfe am Bergisel bei Innsbruck, brennende Höfe und Standgerichte, vor allem nach der endgültigen Niederwerfung der Erhebung. Dazwischen das kurze Regiment Andreas Hofers, als Tirol gänzlich befreit, aber auf sich allein gestellt war. „Im Namen des Kaisers" verwalte er das „Landl", ließ Andreas Hofer verlauten, und dieser Kaiser in Wien – ließ ihn ins Verderben rennen. Mangelnde Information kostete einen hohen Blutzoll und den Anführer der Tiroler das Leben. Er wurde auf Befehl Napoleons zum Tode verurteilt und erschossen.

1814 kehrte Tirol unter das Zepter der Habsburger zurück. Als diese 104 Jahre später als Folge des verlorenen Ersten Weltkriegs auf den Thron verzichten mussten, erlebte Tirol die von italienischen Nationalisten geforderte Teilung des Landes am Brenner. Der dreijährige Kampf in den Bergen gegen die italienische Übermacht war vergeblich gewesen, das Selbstbestimmungsrecht der Völker wurde schmählich missachtet. Von nun an galt alle Sorge der führenden Tiroler Politiker dem südlichen Landesteil unter italienischer Herrschaft, um wenigstens die zur Erhaltung von Sprache und Kultur notwendige Autonomie zu erkämpfen.

Wo die Politik nichts erreichte, waren es die einfachen Menschen, die zur Selbsthilfe schritten: durch Geheim-

IROL?

Tirol im Jahr 1295

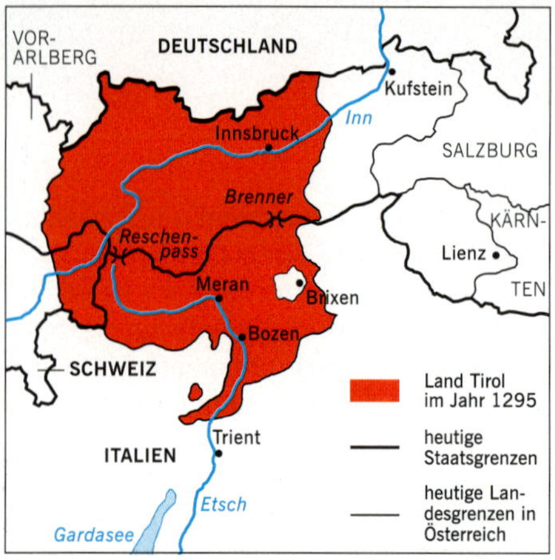

unterricht und passiven Widerstand während der faschistischen Unterdrückung der zwanziger und dreißiger Jahre; durch die demonstrative Sprengung von Symbolen der Unterdrückung (faschistische Denkmäler, Strommasten der italienischen Staatsgesellschaften) in den fünfziger und sechziger Jahren. Zugleich brachte Österreich das Südtirol-Problem vor die UNO, es kam zu Verhandlungen und schließlich zur Gewährung einer weitreichenden Autonomie der Provinz Bozen innerhalb Italiens. Der Beitritt Österreichs zur EU (1995) nahm der Brennergrenze wenig später viel von ihrer Bedeutung, und die schon vorher genutzten Möglichkeiten der Zusammenarbeit historischer Regionen werden ausgebaut. Das Stichwort Europa führt zur nächsten historischen Besonderheit Tirols: zu seiner Funktion als Brücke und Drehscheibe und als einer der wichtigsten Erholungsräume des Kontinents. Anders als viele glauben, war Tirol nie ein reines Bauernland. Vom Ertrag der Erde hätten die Menschen hier nie leben können. Der Durchzugsverkehr mit allem, was dazugehört, bot der Bevölkerung durch Jahrhunderte hindurch den nötigen Nebenerwerb, ebenso der Bergbau, der allerdings schon im 19. Jahrhundert keine Rolle mehr spielte.

Während der Transitverkehr Ende des 20. Jahrhunderts ein kaum erträgliches Übermaß erreichte und für das Wohlergehen des Landes ohne entsprechende Maßnahmen eine Bedrohung darstellt, gehört der junge Wirtschaftszweig Tourismus inzwischen zu den wichtigsten Erwerbsquellen der Tiroler. Seine Wurzeln reichen in die Mitte des 19. Jahrhunderts zurück, als der Alpinismus begann und die traditionsreichen Heilquellen mit ihren alten Badegasthäusern von Adeligen und reichen Bürgern aus nah und fern entdeckt wurden.

Auch weitete sich der Brauch aus, zur „Sommerfrische“ ein paar Wochen in höher gelegene und deshalb kühlere Täler zu reisen. Mit der Erfindung schnellerer, bequemerer und billigerer Verkehrsmittel kamen immer mehr Gäste aus den nahen Großstädten und schließlich aus ganz Europa ins Land. Um 1910 war Tirol von einer frühen Form des

Tirol 1295-1816

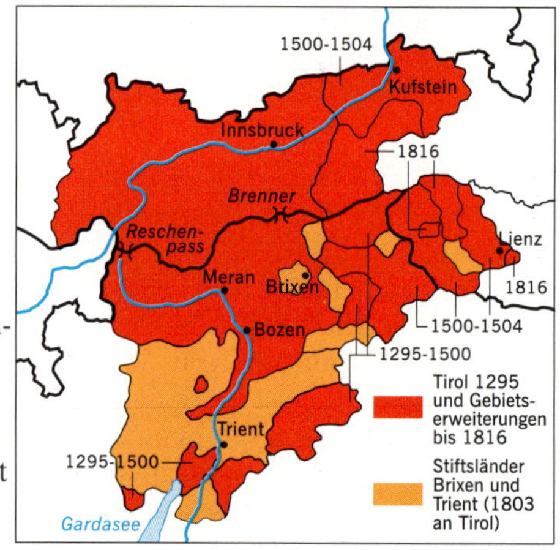

Massentourismus erfasst. Nur der Wintersport war noch eher elitär.

Um die Erholung suchenden Menschen zu unterhalten, spielten ihnen die Einheimischen vielfach ein auf deren Erwartungshaltung abgestimmtes Tirolertum vor, das vor Lustigkeit und „Exotik“ sprühte, mit überlieferter Volkskultur aber kaum zu tun hatte. Diese Entwicklung ist wohl noch nicht am Ende angelangt. Und doch: Für jeden, der sich ein bisschen Mühe gibt und sich nicht in den aufgestellten kommerziellen Fallstricken verfängt, gibt es die Chance, etwas vom eigentlichen Tirol, von seiner Kultur und Geschichte kennen zu lernen und unmittelbar zu erleben, was das eigentlich ist: Tirol. ☐

Dr. Michael Forcher, *Jahrgang 1941, ist Historiker, Autor und Verleger (Haymon-Verlag). Der gebürtige Osttiroler lebt in Innsbruck.*

Tirol 1816-1919

Größe und Gestalt Tirols veränderten sich im Laufe der Jahhunderte: So zählten das Unterland und Osttirol Ende des 13. Jahrhunderts nicht zu den Tiroler Kernlanden (oben links). Beide Gebiete und weite Teile des Südens wurden zwischen 1295 und 1816 hinzugewonnen (oben rechts). Das Landesgebiet (rechts) wurde 1919 durch den verlorenen Ersten Weltkrieg in zwei östereichische Teile (Nord- und Osttirol) und einen italienischen Teil (Südtirol) getrennt.

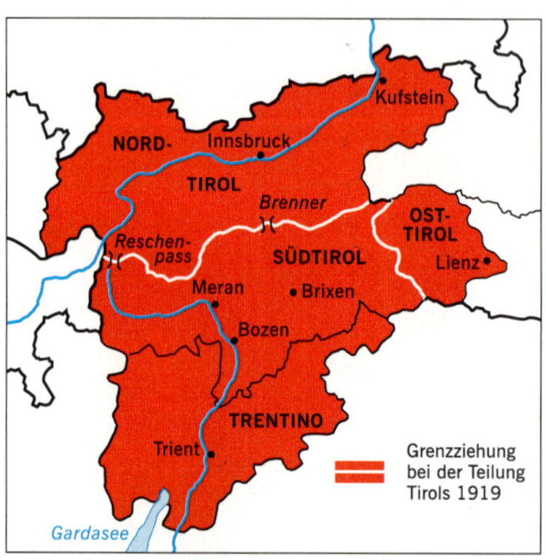

Sommerurlaub als Königsdisziplin

Am, um und in 481 Millionen Kubikmeter Wasser ist der Sommerurlaub anders als anderswo. Das Triumvirat Rofan, Karwendel und Achensee schleift einen topografischen Abwechslungsreichtum in die Landschaft, der das grenznahe Fleckerl zu Tirols Ferienregion Nummer eins macht. Ob Radfahren, Mountainbiken, Surfen oder Segeln, Wandern oder Laufen, Paragliding oder Drachenfliegen, Schwimmen oder Tauchen, Golfen oder Reiten: In Tirols Sport- und Vitalpark macht nicht nur jeder Sport Spaß, jeder Spaß ist auch Sport.

Ihr Heißer Draht zum Traumurlaub

Biken, aber ohne Fahrrad und auf der Piste, den Spuren Davy Crockets folgen, aber nicht in der nordamerikanischen Wildnis, sondern im österreichischen Ferienparadies, Tradition und Geschichte erleben, aber ohne den faden Beigeschmack aufgereihter Lehrbuchweisheiten, Fitness ohne Stressfaktor: Winterurlaub am Achensee ist wie ein Schneekristall – reich an Varianten, eine in Eis gebannte Märchenwelt. Tirols größtes Kleinod ist jadegrüner Dreh- und Angelpunkt eines Aktivitätenkarussells, das sich je nach Wunsch schnell dreht oder gemächlich seine Bahnen zieht.

Tiroler Wanderhotel Achentalerhof

ACHENTALERHOF HOTEL ★★★★

Das Tiroler Wanderhotel liegt 800 m vom Achensee, direkt am Naturpark Karwendel. Seit Jahren Partnerhotel von ASI-Wanderreisen, 3 aut. Bergwanderführer im Haus. Der Komfort eines 4-Sterne Hotels mit großem Garten, geheiztem Freibad im Sommer und die ideale Lage im Winter, am Schigebiet Christlum, an Loipe und Rodelbahn, mit Schischule und Verleih im Haus machen Ihren Aufenthalt bequem und erholsam.

Achentalerhof, Fam. Waldhart
A-6215 Achenkirch 115

Tel.: +43.(0)5246.5303
Fax: +43.(0)5246.5303-77
e-mail: achentaler-hof@tirol.com
www. achentalerhof.at

Ihr heißer Draht zum Traumurlaub

- **Langlaufen:** 150 km
- **Pisten:** 50 km
- **Rodelbahnen:** 7 km
- **Winterwandern:** 150 km
- **Pferdeschlittenfahrten, Winterreiten**
- **Lifte:** 30
- **Wandern:** 450 km markierte Wanderwege
- **Bergbahnen:** Karwendelbergbahnen Pertisau, Rofanseilbahn Maurach
- **Achensee Schiffahrt, Dampfzahnradbahn**
- **Reiten:** in Achenkirch
- **Golf:** Golfanlage Achenkirch Golf- und Landclub Achensee, Pertisau
- **Segeln, Surfen, Kite-Surfen:** in Achenkirch und Maurach
- **Paragliding:** Flugschule Achensee, Maurach und Pertisau

Tel.: +43.(0)5246.5300
Fax: +43.(0)5246.5333
e-mail: info@achensee.info
www. achensee.com

Appartements Achensee

Ferienappartements
ACHEN SEE

Ihre Urlaubsadresse in Tirol

In bester Lage inmitten von Wiesen, ruhig und sonnig, nahe des Badestrandes und aller Tourismuseinrichtungen. Im Haus sind verschiedene große, komplett eingerichtete komfortable Ferienwohnungen für 2–8 Personen. Alle Zimmer mit Panoramaverglasung, breiten Balkonen oder Gartenterasse. Große Liege- und Spielwiese, Kinderspielraum. Ideal für Sommer- und Wintersport.

Appartements Achensee, Fam. Spiegl
A-6212 Maurach 60a

Tel.: +43.(0)5338.7245
Fax: +43.(0)5338.8864
e-mail: appartements.achensee@tirol.com
www. hausachensee.com

Der Wiesenhof & Karwendeltherme

Wiesenhof

Geheimtipp für Genießer

Traumhafte Lage, umgeben von 70.000 m^2 Wiese, zwischen Alpenpark Karwendel und Tirols größtem See. Klein genug, um echte Gast-Freund-Schaft zu bieten und groß genug, um allen Komfort eines Wellnesshotels zu offerieren - Hallenbad, 1500 m^2 Vital- und Badeanlage „Karwendeltherme" mit 5 Saunen, Beauty, und dem gesamten Angebot der Tiroler Steinölwerke - Bäder, Fangos und Massagen.

Der Wiesenhof, Fam. Johannes Entner
A-6213 Pertisau/Achensee

Tel.: +43.(0)5243.52460
Fax: +43.(0)5243.524648
e-mail: johannes.entner@wiesenhof.at
www. wiesenhof.at

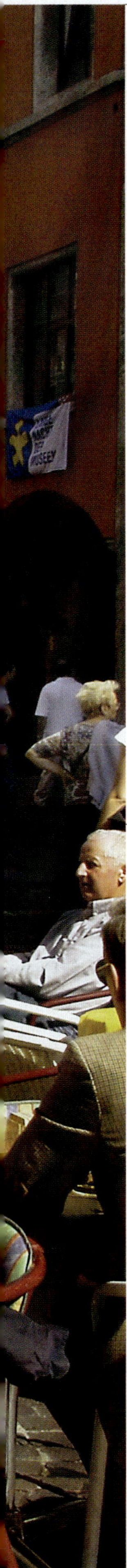

Am Golde hängt, zum Golde drängt doch alles: Das Goldene Dachl, Prunk-Erker des Neuen Hofs in der Altstadt, ist 500 Jahre alt und wird von Gästen aus aller Welt bewundert

Schaut auf diese Stadt! Innsbruck, von der Nordkette aus gesehen

Maximilians unvollendeter Traum

Ein Kaiser wollte Innsbruck zum Herzstück des Heiligen Römischen Reiches machen. Daraus wurde nichts, aber das kulturhistorische Erbe ist dennoch bedeutend genug. Es verbindet sich mit einem sympathischen städtischen Flair und einer imposanten Lage im Gebirge

Text: Walter Klier, Fotos: Klaus Bossemeyer

Das Grabmal Kaiser Maximilians und die 28 „Schwarzen Mander“ am Sarkophag gehören zu den bedeutendsten bildhauerischen Kunstwerken des 16. Jahrhunderts. Das Marmorgrab ist allerdings leer: Maximilian wurde in Wien beigesetzt. Immerhin fand Andreas Hofer, der 1810 in Mantua erschossene Tiroler Freiheitsheld, 1823 in der Innsbrucker Hofkirche seine letzte Ruhestätte

Die ganze Fülle des Barock und ein leeres Grabmal

Solche Städte gibt es viele im alten Europa, und prächtigere – aber keine, die so sehr von hohen Bergen umhegt wäre. Aus der Altstadt ist es nur eine halbe Stunde in die Waldeinsamkeit und eine Stunde (mit der Seilbahn) auf die Höhe der Nordkette, in die Felsenwildnis des Karwendelgebirges. Von oben schaut man auf die Vierecke der Häuserblocks wie aus dem Flugzeug oder von einem 2000 Meter hohen Eiffelturm, und dort unten gibt es keinen Winkel, wo nicht eine der Felszinnen und -kuppen zwischen zwei gotischen Giebeln oder neben einer Gründerzeitfassade hervorlugt. Und die meiste Zeit des Jahres gleißt dazu ein Fleck Schnee irgendwo oben in der Sonne.

In den modernistischen Glasfassaden aus neuester Zeit spiegelt sich dann alles gemeinsam – Geologie, Geschichte und Gegenwart auf eine Ebene gebracht.

Gegründet im 12. Jahrhundert an der Stelle, wo der wichtigste Alpen-Transitweg von München nach Verona auf den ersten schiffbaren Fluß trifft, war Innsbruck immer wichtig, aber nie einflußreich, stets Spielball im Kampf zwischen Reich und Kirche, Papst und Kaiser um die Wegehoheit zwischen Nord und Süd. Und dabei ist es geblieben. Die Innsbrucker sind so selbstbezogen wie nur die Bewohner einer Residenzstadt sein können, die sie doch seit 340 Jahren nicht mehr sind, und empfinden Transit und Tourismus, Lebensgrundlage heute wie damals, als Plage und Gefahr und wollen von dem nichts wissen, wovon sie letztlich doch leben.

Auf den Touristen, der immer noch der „Fremde" heißt, wirkt die Stadt heimelig. Der Einheimische findet sie überfüllt und stressig und ärgert sich, weil er sein Auto nie gerade an der Stelle parken kann, wo er zum Zahnarzt will oder muss oder aufs Finanzamt. Nicht dass er das Grundrecht auf totale Mobilität, das der moderne Mensch für sich beansprucht, nicht auch für eine Selbstverständlichkeit hielte – aber eben nur für sich. Das ist hier wie überall in Europa.

Der Hiesige bleibt lang, seine siebzig, achtzig Jahre, der Auswärtige kurz, ein, zwei Tage im Schnitt, und so sind es zwei schier grundverschiedene Städte, die sie wahrnehmen.

Der Hiesige bleibt siebzig, achtzig Jahre, der Auswärtige ein, zwei Tage im Schnitt

Der Innsbrucker begnügt sich mit rudimentären Erinnerungen aus dem Geschichtsunterricht und geht freiwillig nicht gern in ein Museum oder eine der barocken Kirchen. Dafür wird der Fremde kaum erfahren, in welchem Ausflugsgasthof, auf welcher Alm hoch an den Hängen der Nordkette es den besten Grauen Käse gibt, schon deshalb, weil der Fremde diese Tiroler Spezialität, sollte er ihrer einmal ansichtig werden, für etwas Schauerliches und kaum Genießbares halten wird. Und wirklich braucht es Jahre der Gewöhnung, bis man nicht mehr genug davon kriegen kann.

Der ideale Blick wäre also der eines Fremden mit viel, viel Zeit – oder der des Hiesigen, der sich in der eigenen Stadt im fremden Blick versucht und einmal genauer hinschaut auf die in den Straßenzügen aufgehobene Geschichte der Stadt, durch die er sonst ein Leben lang achtlos dahingeht.

Hier, in der Mitte der alten Stadt, wuseln sie alle durcheinander. Nur selten gelingt es jemandem, die Herzog-Friedrich-Straße zu durchmessen, ohne

Kunst am Fluss: Die Skulptur „Verknüpfung“ auf der Innbrücke verweist auf den alpinen Bezug der Stadt. Das Kunstwerk ist aus dem Drahtseil der Nordkettenbahn gefertigt

Einsicht in einen postmodernen Abgrund: Im tiefen Lichtschacht des neuen Rathausturms spiegeln sich üppige Ornamente

Anna und ihre Schwestern: Am liebsten flaniert man auf der Maria-Theresien-Straße, wo die Annasäule an den Sieg über Bayern erinnert. Das war 1703. Die Bayern sind hier längst wieder willkommen

Stilsicher durch Innsbruck: Ich kauf' mir lieber einen Tirolerhut, hat sich dieser mexikanische Tourist gesagt. Nun steht er auf dem Stadtturm und nimmt die Hofkirche (r.), die Jesuitenkirche (l.) und die Berge ins Visier

letzten Endes in einem japanischen oder amerikanischen Fotoalbum zu landen. Über dem Gewimmel wahrt das Goldene Dachl seine historische Ruhe, während unten die Sonnenschirme der Gastgärten Sommer für Sommer etwas näher rücken. Kaiser Maximilian I. ließ den Prunk-Erker um 1500 errichten; er sollte das symbolische Herzstück seines erträumten Heiligen Römischen Reiches werden. Der Traum scheiterte, doch was von ihm blieb, ist heute Magnet für die Scharen aus aller Welt.

Der kleine Bau mit seinem reichen Skulpturen- und Freskenschmuck und den goldenen Schindeln, über deren genaue Anzahl merkwürdigerweise niemals Einigkeit erzielt werden konnte – bei der Zählung anlässlich der letzten Restaurierung kam man auf 2657 – sollte Sinnbild für ein Goldenes Zeitalter unter der Führung der Habsburger werden, beginnend mit dem magischen runden Datum, das dort, für heutige Betrachter etwas verrätselt, zu lesen steht: „xvco Jar" (co=centesimo; also: „im 1500. Jahr").

Voller Rätsel steckt auch der Bilderschmuck am Erkerbau – bis hin zu den pseudohebräischen Lettern des Schriftbandes über den Reliefs, die noch niemand entschlüsselt hat. Einer der Entzifferungsversuche lautet: „Nutze jeden Augenblick, lasse keinen Tanz aus, mitnehmen kannst du nichts." Bis plausiblere Vorschläge kommen, bleibt dieser schöne und wahre Spruch gültig, gewissermaßen eine Kurzfassung des frühneuzeitlichen Existenzialismus.

Leer blieb Maximilians großartig gedachtes Grabmal in der nahen Hofkirche, das erst 1584 fertig gestellt wurde. Der in Bronze gegossene Begräbniszug von 28 überlebensgroßen Statuen (die „Schwarzen Mander"), Verwandte und Vorfahren Maximilians darstellend, auch imaginäre wie König Artus, ist ein außergewöhnliches Zeugnis der Gießerkunst jener Zeit. Dabei bildet die Statue Rudolfs von Habsburg (von Gilg Sesselschreiber) einen Anziehungspunkt besonderer Art. Mit seiner prominenten „Schamkapsel" ist Rudolf Gegenstand eines modernen Fruchtbarkeitskults: Werdende Mütter, die den mittlerweile entsprechend polierten Körperteil berühren, bringen Söhne zur Welt.

Nutze jeden Augenblick, lasse keinen Tanz aus, mitnehmen kannst du nichts

Was man unbedingt gesehen haben muss, stammt im Wesentlichen aus der Zeit, als Habsburger hier regierten (bis 1665) und liegt nahe beisammen in einem Radius von wenigen Gehminuten. Von der Hofkirche sind es nur ein paar Schritte über den Rennweg zum Leopoldsbrunnen. Seine Göttinnen und Götter überragt das Reiterstandbild des Erzherzogs Leopold (um 1625). Das Pferd ist das erste in der Geschichte der Großplastik, das, auf den Hinterbeinen aufgerichtet, keiner zusätzlichen Stütze bedarf, ein Meilenstein der Kunst- und Technikgeschichte. Am schönsten ist es an Sommerabenden von der Terrasse des Stadtcafés aus gesehen, vor dem Hintergrund der Hofburg-Fassade.

Dieser prächtige Rokokobau wurde unter der „allergnädigsten und mildesten Landesmutter Maria Theresia" um- und teils neu gebaut und war 1765 Schauplatz der Hochzeit ihres Sohnes Leopold mit der spanischen Infantin Maria Ludovica, mit Pomp und Glorie gefeiert und jäh unterbrochen durch den plötzlichen Tod des Kaisers Franz Stephan. In Erinnerung daran wurde der am Südeingang der Stadt errichtete Triumphbogen in Stein ausgeführt, nun mit einer frohgemuten und einer trauernden Seite.

Innsbrucks Geschichte – lange prosaische Perioden von Handel und Wandel, romantisch überstrahlt von Blitzlichtern wie der heimlichen Hochzeit des Erzherzogs Ferdinand mit der schönen Augsburger Bürgertochter Philippine Welser, für die er das Schloss Ambras umbaute, oder dem Sieg der aufständischen Tiroler Bauern über die napoleonischen Truppen 1809 – daran erinnert das „Riesenrundgemälde" an der Kettenbrücke, eines der letzten vollständig erhaltenen Panoramen des 19. Jahrhunderts, zugleich eine malerische Huldigung an Innsbruck und seine Gebirgskulisse.

Das historische Zentrum prägt die Spätgotik der maximilianischen Zeit mit den Reihen der Bürgerhäuser, dem Stadtturm, den Laubengängen, abgerundet mit Kostbarkeiten aus dem Barock, nämlich den für die damalige Größe der Stadt erstaunlich vielen Kirchen. Die wichtigste ist natürlich der Dom, 1724 fertig gestellt, bis 1964 einfach Stadtpfarrkirche zu Sankt Jakob – der Pilgerheilige passt gut für eine touristische Destination wie Innsbruck. Der Dom birgt mit dem um 1620 aufgestellten Grabmal Erzherzogs Maximilian („des Deutschmeisters") eine weitere kunsthistorische Premiere. Seine gewundenen Säulen eroberten nach der Errichtung des St.-Peters-Altars in Rom 1633 als „Bernini-Säulen" die europäische Sakralkunst. Hier lohnt der Blick aufs Detail – die Säulen sind wunderbar mit einer Vielzahl von Bienen, Raupen, Vögeln und anderem kleinem Getier geschmückt.

Auf der anderen Innseite, jenseits der Brücke, mit der alles anfing, scheint die Reihe der bunt gefärbelten Häuser von Mariahilf und St. Nikolaus, dem ältesten Teil des Marktes am Inn, sich gerade nur knapp an den Abhang der Berge zu quetschen. Dorthin findet der Fremde seltener, obwohl er doch dort den urigsten Dialekt und die rauhesten Umgangsformen studieren könnte, gewürzt mit multikulturellen Einsprengseln aus der Türkei und vom Balkan.

Nach Süden kommt man aus der Altstadt auf die beiderseits von Adelspalais gesäumte Maria-Theresien-Straße, einst „Vorstadt" genannt. Noch Mitte der 1960er Jahre, bis zur Fertigstellung der Autobahn, quälte sich der gesamte Nord-Süd-Verkehr links und rechts an der Annasäule vorbei, die an den Sieg von 1703 über die Bayern erinnert.

Weiter südlich, am Stadtrand, wo die Straße zum Brenner aus der Ebene ansteigt, schmückt den Bergisel die schnittigste Sprungschanze der Welt. An seinem Fuß liegt das zweite alte Zentrum, Wilten. Hierher, in die einstige römische Garnison, kam der Sage nach der Riese Haymon, der erst einen anderen Riesen und einen Drachen erschlagen musste, bevor er das Kloster Wilten gründen konnte.

Mit dem Bau der Eisenbahn über den Brenner (1864/67) trat die Stadt in die neue Zeit ein, wuchs erheblich über ihre alten Grenzen hinaus und hat bis heute nicht aufgehört zu wachsen.

Auf Fremde wirkt die Stadt heimelig, Einwohner finden sie überfüllt und stressig

Die dritte das Stadtbild prägende Epoche, die Gründerzeit, umschließt so den alten Kern mit großzügig angelegten Vierteln, wo der Einheimische, wenn er es sich leisten kann, bis heute am liebsten wohnt.

Von dem, was die Stadt ist und wie sie wurde, ließe sich noch vieles erzählen, von den Erzählungen der Italienreisenden von Montaigne über Goethe, Heine und Hans Christian Andersen bis in die neueste Zeit, vom modernen Innsbruck, der lebendigen Universitäts- und Kulturstadt, den „Festwochen der Alten Musik" oder dem Theater, das Brigitte Fassbaender nicht nur leitet, sondern wo sie auch ihre höchsteigene Vorstellung etwa von „Tristan und Isolde" verwirklicht, von der geradezu abenteuerlich anwachsenden Gasthaus-, Café- und Beiselszene der Stadt, von den dörflich gebliebenen Winkeln an der Sonnseite, in Hötting, Mühlau und Arzl, den hundert Varianten, in denen Lukas Cranachs Madonnenbild aus dem Dom an den Fassaden der Stadt wiederkehrt, von der Sport- und Bergbegeisterung. Auch von der sprichwörtlich herzhaften Ruppigkeit der Innsbrucker - und vom warmen Südwind, dem Föhn, der Gasthaustische und Blumenbalkone leer fegt, die Gemüter in Aufruhr bringt und als Ausrede für Pannen aller Art herhalten muss. □

Walter Klier, *Jahrgang 1955, lebt und arbeitet als Schriftsteller in seiner Geburtsstadt Innsbruck.*
Klaus Bossemeyer, *Jahrgang 1953, Fotograf aus Münster, sah Innsbruck erstmals vor Jahrzehnten. Es erstaunt ihn, wie wenig sich die Stadt verändert hat.*

Innsbruck in Zahlen

Etwa **130 000** Menschen leben in Innsbruck. 14,7 Prozent davon sind **Ausländer,** von denen viele aus Serbien und der Türkei kommen . Die mittlere Höhe des Stadtgebietes liegt bei **575 m,** die höchste Erhebung ist die westliche Praxmarerkarspitze **(2641 m).** Die Sonne scheint durchschnittlich **1934** Stunden im Jahr, an 64 Tagen klettert das Thermometer über 25°C. An den sieben Fakultäten (79 Studienrichtungen) der **Universität** sind etwa 30 000 Studenten eingeschrieben. **15 Museen,** 19 Kinos und mehr als 200 Konzerte pro Jahr bieten ein abwechslungsreiches Kulturprogramm. Rund **650 000 Touristen** jährlich besuchen die Stadt, sie bleiben im Schnitt **zwei Tage.**

Die ganze Palette von Kitsch bis Kunst: An Souvenirläden wie hier in der Hofgasse mangelt es in Innsbruck nicht

Wo immer der Blick nach oben wandert, lugt zwischen den Giebeln das Gebirge hervor. Hier – im Hintergrund der Kiebachgasse – baut sich die Nordkette auf

INNSBRUCK Tourismus

Innsbruck und seine Feriendörfer

Information:
Innsbruck Tourismus, A-6021 Innsbruck, Burggraben 3
Tel. +43 / 512 / 59 8 50, Fax +43 / 512 / 59 8 50-7
www.innsbruck-tourismus.com, info@innsbruck.tvb.co.at

Museen · Galerien · Festwochen · Shopping

RIESENRUNDGEMÄLDE

Die dritte Bergisel-Schlacht anno 1809 auf 1000 m² Leinwand

DIE SAMMLUNG MAX REISCH

Expeditionsfahrzeuge des Tiroler Forschers Max Reisch – Orient-Archiv

Das **Riesenrundgemälde** ist eines von 24 weltweit noch existierenden Panoramen und österreichweit einzigartig.

Die **Sammlung Reisch** umfasst 8 Expeditionsfahrzeuge, Schriften, Bilder und Souvenirs aus aller Welt.

GEÖFFNET TÄGLICH VON 1. APRIL BIS 30. OKTOBER

Infos: Raika Reisen, Adamgasse 3, 6020 Innsbruck, Tel. 0043/512/573751
info@raikareisen.at, www.panorama-innsbruck.at, www.maxreisch.at

Das
Tiroler Volkskunstmuseum
umfaßt mit seiner Sammlung das historische Tirol mit den ladinischen Tälern rund um die Dolomiten und dem Trentino. Schwerpunkte: Kunsthandwerk, Hausgewerbe, Stuben, Möbel, Volksfrömmigkeit, Masken und Trachten.

Montag bis Samstag 9–17 Uhr,
Sonntag 9–12 Uhr

TIROLER VOLKSKUNSTMUSEUM – HOFKIRCHE

Universitätsstraße 2 · 6020 Innsbruck · Tel. 0043/512/584302 · Fax 584302-70
tiroler@volkskunstmuseum.cnt.at · www.tiroler-volkskunstmuseum.at · www.hofkirche.at

Die Hofkirche
in Innsbruck beherbergt das Grabmal Kaiser Maximilians I. und ist Tirols bedeutenstes Denkmal. 28 überlebensgroße Bronzestatuen, welche die Verwandtschaft Kaiser Maximilians und seine Vorbilder darstellen, flankieren das leere Hochgrab.

Montag bis Samstag 9–17 Uhr,
Sonntag – Gottesdienste

ART INNSBRUCK

NEU für Sie! Kinderbetreuung

8. INTERNATIONALE KUNSTMESSE
27. FEBER – 1. MÄRZ 2004 · Messehalle 4

www.art-innsbruck.at

★★★★★ L

SCHLOSSHOTEL *Igls*

... Luxus für den individuellen Gast

A-6080 Igls
Tel.: 0043 - 512 - 37 72 17
Fax 0043 - 512 - 37 72 17-198
www.schlosshotel-igls.com
hotel@schlosshotel-igls.com
Mitglied bei Relais & Châteaux

*Die märchenhafte Lage und exklusives Ambiente laden ein zu einem unvergesslichen Aufenthalt. Das **** Sporthotel Igls bietet Komfort und Erholung vom Feinsten, großer Wellnessbereich mit 20 m Pool, Saunalandschaft, Polly-Vital & Beauty Spa. Im ***** Relais & Châteaux Schlosshotel Igls erwartet Sie Luxus pur mit einem Service der Extraklasse.*

★★★★

SPORTHOTEL *Igls*

... auf der Sonnenterrasse über Innsbruck

A-6080 Igls
Tel.: 0043 - 512 - 37 72 41
Fax 0043 - 512 - 37 86 79
www.sporthotel-igls.com
hotel@sporthotel-igls.com

Igls – auf dem Sonnenplateau – liegt nur 5 km von der Kulturhauptstadt Innsbruck entfernt!

Museen · Galerien · Tyrolensien · Shopping

KAISERLICHE HOFBURG ZU INNSBRUCK

Nehmen Sie sich ca. 30 Minuten Zeit für einen historischen Spaziergang auf den Spuren der Habsburger:
Bei Ihrem individuellen Rundgang besuchen Sie

- die kaiserlichen Prunkräume mit Originalmöblierungen aus verschiedenen Epochen und einer umfangreichen imperialen Porträt- und Gemäldesammlung
- die herrschaftlichen Privatgemächer und Salons
- die Sterbekapelle von Kaiser Franz I mit Originalausstattung und beeindruckender Relieffreskomalerei

Wenn Sie mehr erfahren wollen, sollten Sie sich ca. 1 Stunde einer unserer fachkundigen Führungen anschließen. Sie erfahren Wissenswertes und amüsante Anekdoten aus dem ehemaligen Herrscherhaus.

Öffnungszeiten: Täglich 9 – 17 Uhr

Burg- und Schlosshauptmannschaft IBK
Kaiserliche Hofburg · Tel.: 0043/512/587186
hofburg.ibk@tirol.com · www.tirol.com/hofburg-ibk

Ein Stück Tirol ...

www.tirolshop.com

... mit dem Original Tirol-Rucksack!

erhältlich im:

Tirol Shop

Mo-Fr 8-18 Uhr
Sa 9-13 Uhr
Maria-Theresienstraße 55
6010 Innsbruck
tirolshop@mtmgmbh.at

HOTEL SAILER

anno 1896

ADAMGASSE 8
A-6020 INNSBRUCK

Für Behaglichkeit ist bestens gesorgt.
Jeder Raum ist einzigartig, individuell.
Was jedoch alle gemeinsam haben,
ist der gehobene Komfort, den man von einem
****Haus wie dem Hotel Sailer erwarten darf.

Tel. +43 (0)512/5363 • Fax: +43 (0)512/5363-7 hotel@sailer-innsbruck.at • www.sailer-innsbruck.at

Was ist eine Landschaft wert, die niemand besingt, die kein Dichter in Poesie verwandelt?

Text: Emanuel Eckardt

Tirol literarisch

Ötztal-Plakat aus dem Jahr 1946 von Prof. Arthur Zelger

Wenn sich im Hochgebirge der Literatur die Geister scheiden, wenn Dichtern vor Ergriffenheit die Worte fehlen, wenn wir sogar Goethen in Nöten sehen, unfähig, das rechte Wort zu finden, dann sind wir nicht weit von Arkadien. Ein kleines Büchlein*, eine feine Sammlung literarischen Alpinismus, lenkt den Blick aufs schöne Tirol, von Dichtern auf der Durchreise festgehalten, wie August von Kotzebue (1761-1819), der fand:

„Für Leute, die sich's gern bequem machen, gern gut essen und trinken, wüsste ich kein Land, wo ich, in dieser Hinsicht, lieber reisen mögte."

Mit der Beschreibung der Landschaft haben es sich manche der Herren allerdings ziemlich leicht gemacht. „Links und rechts stehen hohe Berge, über welche beschneite Hörner herüberblicken", lesen wir erstaunt bei Ludwig Steub (1812-1888). Unseren Goethe (1749-1832) erleben wir im Inntal geradezu einsilbig: „Die Lage ist unbeschreiblich schön, und der hohe Sonnenduft machte sie ganz herrlich". Am Ende kneift der Dichterfürst: „Von Innsbruck herauf wird es immer schöner, da hilft kein Beschreiben." Aus. Die gleiche Schreibhemmung beim Lienzer Christoph Zanon (1951-1997): „ ... dieses Licht auf den Hängen, während in den Schatten das Himmelsblau fortatmete, es war so schön, dass ich es nicht beschreiben kann." Das Unbeschreibliche als großer Wurf. In Tirol scheint es, „als habe die Natur ihre schönsten, erhabensten Gegenstände aus der ganzen Welt zusammen gelesen, und hier, auf einem engen Raume wieder ausgeschüttelt", sinniert Kotzebue.

In den Augen durchreisender Poeten sind die Menschen, denen diese Natur geschenkt wurde, ebenfalls schön, aber weniger erhaben. Heinrich Heine (1797-1856) notierte auf der Reise nach Genua:

„Die Tyroler sind schön, heiter, ehrlich, brav und von unergründlicher Geistesbeschränktheit. Sie sind eine gesunde Menschenrace, vielleicht weil sie zu dumm sind, um krank seyn zu können."

Leider finden wir diese herablassende Sehweise der Literaten bis in unsere Tage. Matthew Josephson (1899-1978), amerikanischer Schriftsteller und Journalist, beschrieb „ein schlaues Bergvolk mit dunklen Haaren und blauen Augen, von denen viele Kröpfe hatten. Sie waren scheu, aber recht liebenswürdig, wenn einer kam und sie verstand, da ihr Dialekt ein komisches Niederdeutsch war."

Komisch daran ist, dass Tiroler niemals Niederdeutsch sprechen. Die Schönheit ihrer Sprache erschließt sich dem Hochdeutschen allerdings nicht. In Londoner Konzertsälen litt Heine unter Tiroler Sängern in Volkstracht, „und es war mir, als sähe ich die Keuschheit des deutschen Wortes aufs Roheste beleidigt, und die süßesten Mysterien des deutschen Gemüthslebens vor fremdem Pöbel profanirt."

Der Satiriker Sepp Schluiferer, Pseudonym des Gymnasiallehrers Carl Techet (1877-1920), schaute seinem Volk dagegen mit größtem Vergnügen aufs Maul: „Ein Tarroler selbst sagte mir einmal, dass die Innschbrckchcher unbedingt die intelligentesten unter allen Tarrolan seien." Armes Innsbruck. Was hat diese Stadt, das Dichter so erzürnt? Innsbruck, ich muss dich hassen, scheint das Leitmotiv seiner Betrachter zu sein. „Das Schöne an Innsbruck ist, dass sich dort absehen lässt, wann man am Brenner ist," ätzt Kurt Lanthaler (geb. 1960).

„In Innsbruck herrschte wie jedesmal, wenn ich dort, gleich zu welcher Jahreszeit, anlange, das grauenvollste Wetter"; sekundiert sein Kollege W. G. Sebald 1990. Und selbst der brave Josef Leitgeb (1897-1952) blickt sozusagen über die Stadt hinweg, denn „die Ansicht der städtischen Baulichkeiten spielt keine Rolle, sie verkümmern gleichsam zu würfeligem Geröll vor den Bauten der

Natur, die zweitausend Meter hoch über die menschlichen Versuche emporragen."

Immer wieder dieser Blick auf die Landschaft, deren wesentlicher Zug, findet Leitgeb, ihre Größe ist. „Das heißt zugleich, dass ihr manches fehlt, was die Schönheit anderer Landschaften ausmacht: Lieblichkeit, Zartheit und Süße, das farbige Verschwimmen nach fernem Horizonte hin, das Zerschmelzen und Verzittern unter dem Licht eines unendlichen Himmels."

Tirol ist kein Sonnenziel für Träumer, Arkadien liegt hinterm Brenner. Davor liegt die Kette des Karwendels. Sie gibt, schreibt Leitgeb, der Innsbrucker Landschaft den Zug von „Härte, Verschlossenheit und düsterer Größe". Und im Mai, wenn anderswo die Liebeslieder blühen, trägt der Inn „den Eishauch der Gletscher ins warme Tal".

Gute Nacht, Innsbruck. Bremsklotz der Italien-Sehnsucht, Schlafstadt im Säurebad misslauniger Poeten am Rande des Wahnsinns. Kurt Lanthaler beobachtet über dem Inntal einen „rot angeschwollenen, im Dreck sich wälzenden Mond". Und der Lyriker Georg Trakl (1887-1914) besingt den Innsbrucker Föhn in düstersten Farben: „Am Abend liegt die Stätte öd und braun, / Die Luft von gräulichem Gestank durchzogen. / Das Donnern eines Zugs vom Brückenbogen – / Und Spatzen flattern über Busch und Zaun. (...) Am Kehricht pfeift verliebt ein Rattenchor. / In Körben tragen Frauen Eingeweide, / Ein ekelhafter Zug voll Schmutz und Räude, / Kommen sie aus der Dämmerung hervor." Nichts wie weg hier. „Erst als der Bus aus der Stadt hinausrollte, wurde mir allmählich ein wenig wohler." lesen wir aufatmend bei W. G. Sebald.

Föhn. Frost. Düsternis. Kein Milieu für Schöngeister. Selbst Ernest Hemingway, (1899-1961), bekanntlich ein ganzer Kerl, ging Tirol quasi an die Wäsche. „Im Schatten gefror einem der Schweiß im Unterzeug." Wie halten Tiroler das aus? Winfried Georg Sebald (1944-2001) benennt die „weit über die Landesgrenzen hinaus für ihren Extremismus bekannte Tiroler Trunksucht." Womit wir auch schon beim Glühwein wären. Und bei Thomas Kling (geb. 1957 in Bingen), laut Friederike Mayröcker ein „Poesie Gratwanderer". Er nahm sich die High-Society-Welt von Kitzbühel vor: „bei laffmschnee, hingepustetm kunzschnee(...); rollsplittschritte, ein hingestapf zu glühwein drinks malakofftorte; pelzjäckchn geplustert, fickwahn, pistnröte von gestern nacht, aus gelbn knallgelbn boots staksig der ihre wadn da raus; hahnenkämme! in seiner nische verlöschnd sankt florian".

Der Verkehr der Fremden kann nervtötend sein. Erich Kästner (1899-1974) sah es kühl:

„Wer vom Fremdenverkehr lebt, kann die Fremden nicht leiden. Sie benutzen seine Stuben, seine Höhenluft, seine Panoramen, seinen Sonnenschein, seine Toilette und seine Wiesenblumen, es muss ihn ärgern. (...) Wenn sie, statt selber zu erscheinen, die Gelder per Post überwiesen, wäre Eintracht möglich. Doch sie kommen, als Anhängsel ihrer Brieftaschen, persönlich, und das geht ein bißchen weit."

Das wahre, nicht überfremdete Tirol findet der Dichter dort, „wo die Wiesen am steilsten, der Himmel am blauesten, die Berge am höchsten und die Menschen am frömmsten sind und die meisten Kinder haben."

In Osttirol. Walter Klier (geb. 1955 in Innsbruck) sieht hier die Quintessenz von Tirol, bewohnt von großen, bärenstarken Holzfällern. „Sagenhaftes wird von ihnen berichtet. Sie zersägten ganze Gastlokale, wenn ihnen dort Unrecht geschehen war, sie fingen wild gewordene Kühe mit bloßer Hand, und wenn ein Reifen zu wechseln war, dann hob einer das Auto händisch in die Höhe, weil es ihnen zu langweilig war, den Wagenheber zu benützen." Was lernen wir daraus? Tirol ist stark. Stärker, als durchreisende Dichter ahnen. □

Emanuel Eckardt, *Jahrgang 1942, lebt als freier Autor in Hamburg.*

>> **BUCH-TIPP** * „Wegen der Gegend. Tirol", Eichborn, Hg. Barbara Higgs und Wolfgang Straub, 13,50 €

Brauchtum live: Aufmarsch der Tiroler Schützen in Imst. Tradition sind auch die handbemalten Schießscheiben – kleine Holzpflöcke mit den Namen der Schützen markieren die Treffer

Tradition, Vaterlandsliebe und Freiheitsschlachten – Tirols Geschichte ist untrennbar verknüpft mit den Schützen. Bis heute prägen sie die Kultur und das Denken der Region

Text: Marc Bielefeld, Fotos: Horst Kløver

Des Kaisers

treue Truppen

„Dreimal haben wir Franzosen und Bayern in die Flucht geschlagen.“ Wir. Sie sagen immer noch wir.

Landeskommandant Major Dr. Otto Sarnthein posiert in seinem Haus mit Bauchranzen und Lederhosen. Die historische Säbelsammlung ist das passende Hobby für einen Schützenkameraden. Noch heute wird mit alten, großkalibrigen Scheibenstutzengewehren geschossen, die Treffer werden anschließend auf nummerierten Feldern ausgewertet. Der Nachwuchs darf ab sechs Jahren traineren – aber nur mit Luftgewehren

Es ist der Vorabend des 46. Oberinntaler Regimentsfestes und Bataillonsschützenfestes Starkenberg in Imst, Glenthof. Es ist Sommer, und es ist so heiß, dass man sich ins nächste Freibad stürzen will.

Stephan Zangerl, stellvertretender Landeskommandant des Tiroler Schützenbundes, graumelierter Vollbart, zeigt seine historische Waffensammlung. Zwei Armbruste prangen im Eingang seines Hauses. In einem Schrank in der Stube hängen, der geschichtlichen Entwicklung nach geordnet, 30 Säbel, darunter asiatische Raritäten mit Goldtauschierung und Rang anzeigenden Portepees. Zangerl sagt: „Der europäische Säbel ist in der Klingenführung gerader als der türkische." Zangerl präsentiert ferner einen k.u.k.-Infanterie-Säbel, einen Linkshanddolch sowie einen gotischen Streitkolben aus dem 13. Jahrhundert. „Als Nahkampfwaffe sehr effizient." Zangerl sagt, dass in Raum und Zeit viel verloren ginge. Er sagt das sehr ernst.

Gestern ist heute, und heute ist gestern. Die Geschichte lebt in Tirol. Die glorreichen Schlachten, die Treue zum Vaterland, die alten Helden, die Demut vor Gott. Ein Tiroler Schütze ist so eine Art wandelndes Zeitfenster, die vergangenen Jahrhunderte ins Herz gebrannt.

Zangerl, im Berufsleben Personalangestellter der Innsbrucker Postdirektion, bindet sich einen silberbestickten Bauchranzen um, früher wichtiges Schutzschild gegen Unterleibsverletzungen, und legt seine Majorsjacke an. Heute keine Stiefel, keine Stutzen. Heute nur die legere Ausgehtracht. Rudolf Mantel-Mussack, Hauptmann der Schützenkompanie Polling, feiert heute seinen 55. Geburtstag. Sie werden ihm eine Ehrensalve schießen.

Zangerl fährt zehn Minuten ins Nachbardorf, die Sonne steht rot hinter der steilen Martinswand, ein sehr warmer Wind streicht durch die Bergidylle, und so feiern sie hier Geburtstag: 20 Uhr Treffen im Schützenheim.

20.30 Uhr Abgang von 30 Schützenkameraden durchs Dorf bis zum Haus des Jubilars. Aufstellung direkt vor dem Gartenzaun, Nachbarn lehnen aus den Fenstern. Mantel-Mussack tritt vor sein Haus und verfolgt die Zeremonie. Der Kompanieführer: „Kompanie auf mein Kommando! Habt acht! Recht richt' euch! Schultert!" Die Befehle kommen schnell. „General de Charge! Laaaaa-det! Hoch an – und Feuer!" Ein Donnern hallt durch das stille Tiroler Oberland mit seinen saftigen, grünen Berghängen und den adretten Bauernhäusern. „Präsentiert! Habt acht! In die Hand!" Die Steyr-Mannlicher M-95, Infanteriegewehre der Österreicher aus dem Ersten Weltkrieg, werden jetzt exakt fünf Zentimeter über dem Boden gehalten. „Bei Fuß, Kompanie en route!"

Es folgen Gratulationen, eine Flasche Sekt wird überreicht. Rückmarsch zum Schützenheim. Hauptmann Mantel-Mussack wird später zum geselligen Beisammensein hinzustoßen, wird sich über Brauchtum, Kirche und das morgige Bataillonsfest unterhalten, wird eigenhändig und in Schürze Würste, Schnitzel und Kartoffelsalat servieren und wird sagen: „Ein Tiroler unter 100 Kilo ist ein Krüppel." Dabei wird er herzhaft lachen, sein Gesicht rot wie eine Alpenrose.

Ein paar Nachbardörfer weiter sitzt Major Dr. Otto Sarnthein im Garten seines Anwesens bei Rotwein und Käse. Sarnthein ist Landeskommandant, frei gewähltes Oberhaupt der rund 20000 Schützen aus Nord- und Südtirol sowie dem Trentino. Oberhaupt von 25 Bataillonen, Dutzenden Regimentern, 233 Kompanien, 14000 aktiven Waffenträgern, alles straff militärisch organisiert.

Sarnthein sagt: „Jeder kann Schütze werden, bei uns stehen Maurer und Manager Seite an Seite." Sarnthein wird beim morgigen Großfest vor mehr als 1000 Schützen die Ansprache halten. Dabei wird er von der Treue zu Gott reden, von der Würde des Menschen, vom Schutz des Vaterlands, von der geistigen und kulturellen Einheit Tirols und von der Freiheit. Sarnthein wird sich auf die Ansprache nicht groß vorbereiten. Gute Reden, sagt Sarnthein, funktionieren nach einem simplen Prinzip. Sie sollen sein wie ein Minirock. Kurz und beschaulich.

Sarnthein trägt Hirschlederhosen, Lodenjacke, Bauchranzen und einen Hut mit Adlerfeder. Stellt man Sarnthein die Frage, worin die Aufgaben der Tiroler Schützen heute bestehen, gibt er diese Antworten: Die Kompanien rücken bei Jubiläen aus, Stadtfesten, kirchlichen Veranstaltungen. Im Juli und August fast jedes Wochenende. Überall in Tirol. Käme es allerdings zu einem Angriff, würden die Schützen auch zur Landesverteidigung hinzugezogen werden. Sarnthein guckt mit ernstem, festem Blick. Die Schützen sind noch immer bereit.

Wie alle Schützen besitzt Sarnthein ein Gewehr. Und wie alle Schützen kann er damit umgehen. Sie trainieren an den landesweiten Schießständen, etwa dem alten Platz in Hötting. Hier werden mit Kleinkaliber Fünfzehner-Serien auf 100 Meter entfernte Papierscheiben geschossen. Hier wird jedes Jahr der Schützenkönig ermittelt. Der Schützenkönig wird auf einer Namenstafel verewigt und bekommt eine schwere Schützenkette um den Hals gehängt. „Das ist kein Rummelplatz hier", sagt Heinz Wotschitzky, Schützenmajor mit felsgrauen Haaren. Und dann fügt er hinzu, dass Schießen ein Konzentrationssport sei und dass man lange mit den Tirolern spielen könne. Aber irgendwann sei Schluss.

Spielen. Damit meint er dumme Entscheidungen aus Wien. Dumme Beschlüsse aus Brüssel. All solche Beschlüsse, die Tirol als eigenständiges Land untergraben. Und er meint die Sache mit Italien. Diese Grenze, Wotschitzky winkt ab, es ist heiß, ein großes Bier steht auf dem Tisch, ja, diese Grenze, die Tirol zerschneidet wie Schmach, wie Frevel. Da war 1919, ein Datum wie eine offene Wunde: Italien bekommt Südtirol, das Land wird geteilt. Wotschitzky blickt wie alle Schützen bei diesem Thema. Verbittert. Eine Wespe surrt über das Glas, und dann schweigt Wotschitzky, weil man für diese Teilung Tirols vor Wut keine rechten Worte finden kann. Sie sitzt tief, diese Teilung. Bis heute.

Hinter der Martinswand ist die Sonne untergegangen. Erwin Zangerl, Bruder von Stephan Zangerl, Major, Adjudant von Landeskommandant Sarnthein und Chef der Innsbrucker Postgewerkschaft, geht heute früh zu Bett. Auf dem Weg ins Schlafzimmer kommt er an einem zwei mal drei Meter großen Ölgemälde vorbei. Das Gemälde zeigt Kaiser Maximilian in einer Bergnische kauernd, lebensgroß. Zangerl kennt die großen Figuren der Vergangenheit auswendig. Alle Schützen kennen die historischen Höhepunkte, schon die jungen Hülsenbuben.

Erwin Zangerl steht vor Kaiser Maximilian und erzählt. Da war 1511: Maximilian erlässt das Landlibell, das Hauptdokument für die Tiroler Wehrhaftigkeit. Seitdem zog die freiwillige Armee in die Schlachten, entzündete in den Bergen Kreidefeuer und läutete die Sturmglocken, sobald Bedrohung anrückte. Da waren die großen Befreiungskriege am Bergisel in Innsbruck, 1809: ein Jahr wie ein Paukenschlag. Zangerl guckt mit stechenden, zornigen, traurigen Augen. „Dreimal haben wir die Franzosen und die Bayern damals in die Flucht geschlagen. Napoleon marschierte mit mehreren tausend Berufssoldaten an, aber wir haben seinen Marschall Lefebvre in die Knie gezwungen."

Wir. Sie sagen noch immer wir. Ein 500 Jahre altes Wir-Gefühl mit Kaiser Maximilian an der Spitze.

Feuernde Bajonettgewehre, Schnaps reichende Marketenderinnen, die ihre von Kugeln durchlöcherten Fässer mit den bloßen Händen zuhalten, über Zäune hängende, tote Franzosen, heroische Fahnenträger, blutiges Kampfgetümmel und Rauchsäulen über Wäldern und Tälern: Man kann die dritte, die größte aller Schlachten noch heute sehen. Auf einem 1000 Quadratmeter großen, runden Monumentalgemälde. In allen Details, mit

„Mein Tiroler Land“ – Kaiserjägermarsch, Ehrensalven und dann Schnaps vom Fass

Bei jedem Schützenfest dabei: Einheiten mit funktionstüchtigen Kanonen für die Ehrensalve und stets gut gelaunte Marketenderinnen. In der Festhalle von Imst verkaufen die Schützendamen Schnaps aus dem Fass und bringen so ein bisschen Geld in die Kassen der Kompanien

stürmenden Gebirgsjägern und Priestern, die Sterbenden die letzte Ölung verabreichen. Jeder Schütze kennt das Riesenrundgemälde in Innsbruck. Jeder. Zangerl erzählt weiter. Und dann war da Andreas Hofer. Wenn er von Hofer spricht, nimmt Zangerl wie automatisch Haltung an. Weil Andreas Hofer damals legendärer Landeskommandant war. Weil Andreas Hofer kämpfte bis zum Ende, die vierte Schlacht aber verlor, weil die Franzosen ihn exekutierten und weil der schwerbärtige, tapfere Andreas Hofer bis heute Volksheld Nummer eins ist.

Da ist Glut in den Herzen. Für Gott, Kaiser und Vaterland. Über seinem Grab in der Hofkirche steht Andreas Hofer aus weißem Stein gemeißelt. An seiner Schulter hängt ein Trauerflor. Zangerl blickt zu Maximilian auf und sagt: „Der Trauerflor wird hängen, bis Tirol wieder ein geeintes Land sein wird." Dann geht Zangerl schlafen.

Es ist der Morgen des 46. Oberinntaler Regimentsfestes und Bataillonsschützenfestes Starkenberg in Imst, Glenthof. Es ist August und Tirol bereits um 8.30 Uhr ein Backofen. Schützenformationen aus allen Landesteilen treffen am Jonak-Platz ein. Querflöten, Pauken, Gewehre, Hüte, Stiefel und Säbel werden aus Kofferräumen gekramt. Hier und da kracht ein Schuss. Schaulustige säumen die Straße. Am Rand stehen historische Kanonen, feuerbereit. Einige Schützen tragen Holzsensen und Äxte. Heute keine Ausgehtrachten. Heute volle Montur.

Um Punkt neun, die Luft flirrt, stehen 60 Kompanien, Talschaften und Bataillone in Reih und Glied. Schweigen. Landeskommandant Major Otto Sarnthein schreitet die Formationen ab, die Handkante zum militärischen Salut an die Stirn geworfen. Bürgermeister, Nationalratsabgeordnete, Bezirkshauptmänner, Stadträte und Träger des Ehrenkreuzes, alle Honoratioren sind versammelt. Neben dem Rednerpult ist ein großes Kreuz aus Birkenstämmen errichtet. Die Kirche ist selbstverständlich auch da. Es folgt die Festansprache von Landeskommandant Major Dr. Otto Sarnthein. Es ist brutal heiß.

Sarnthein begrüßt die hohe Geistlichkeit, spricht von der Wichtigkeit, Tradition und Moderne zu verbinden, Motto: „Mit Laptop und Lederhose". Er beschwört das Schützentum als zutiefst demokratische Vereinigung, die Sonne brennt steil von den Bergen herunter, und nach zehn Minuten schließt Sarnthein seine Ansprache mit den Worten: „Schützen heil." Seine Ansprache war kurz und knackig. Wie ein Minirock.

„Ich habe gesündigt durch meine Schuld, meine Schuld, meine Schuld." Die still stehenden Schützen sprechen diese Worte leise nach. Der Stadtpfarrer von Imst, Alois Oberhuber, hält die Messfeier ab. Er sagt in die Hitze: „Wir feiern hier auch die Befreiung durch Jesus Christus." Und dann folgen die Fürbitten, und dann folgt die Lesung aus dem Buch Exodus, dann beginnt der Pfarrer im grünweißen Talar zu singen, und dann, es ist 11.30 Uhr morgens, krachen Gewehre und donnern Kanonen, Schweiß rinnt wie Wasser auf Bärten und Gesichtern, und schließlich kommt die Marschmusik.

Mehr als 1000 Mann schreiten zum Festumzug durch die Stadt Imst, mit feierlicher Defilierung. Eine Stunde lang schiebt ein Meer aus Trachten, Stiefeln, Hüten und Hahnenfedern durch die Straßen, vorbei an der Eisdiele Venezia und am Haus der Mode Bilgeri. Imst bebt und brütet.

Um 12.30 Uhr fluten 2000 Menschen die Festhalle. In der Festhalle herrschen 40 Grad. Die Imster Stadtmusik gibt ein Frühschoppenkonzert, mit der Bürgermusik Tarrenz und dem Entertainer Sigi. Sigi blickt von der Bühne hinab auf ein Menschengewimmel, das an Biertischen sitzt, vor Hendl, Knödeln, Brezen, Würschtln und Schnäpsen, mit Lodenjacken, Bauchranzen und bester Laune. Sigi ruft ins Mikrofon: „Lachen sollt's, lachen ist g'sund!"

Bekanntes Liedgut schallt von der Bühne, darunter der Tiroler Kaiserjägermarsch. Erwin Zangerl, schweißüberströmt, hält ein Glas Bier in der Hand und singt mit einigen 100 Schützenkameraden: „Du bist das Land, dem ich die Treue halt, mein Tiroler Land".

Dann beginnt die Festhalle von Imst, Starkenberg, zu kochen. Es ist ein ganz normaler Sommertag in Tirol. ☐

Marc Bielefeld, *Jahrgang 1966, Journalist aus Hamburg, will jetzt jedes Jahr zum Schützenfest.*
Horst Kløver, *Jahrgang 1970, Fotograf lebt und arbeitet in München und Berlin.*

Nummer sicher: Bei Übungen an Freiluft-Schießständen werden Wanderwege abgesperrt

MERIAN | TIPP Schützen

Schützenfeste finden von April bis Oktober in vielen Tiroler Ortschaften statt. Einen Fest-Terminplan findet sich im Internet unter **www.tiroler-schuetzen.at**. Informationen gibt es auch bei der Tirol Werbung, Maria-Theresien-Strasse 55, A-6020 Innsbruck, Info-Tel. 00 43-512-72 72, info@tirolwerbung.at

Das Rundgemälde, das die dritte Bergiselschlacht von 1809 auf 1000 Quadratmetern eindrucksvoll abbildet, befindet sich an der Talstation der Hungerburgbahn in Innsbruck. **April-Oktober 9-17 Uhr.**

Die **Hofkirche Innsbruck** mit den Grabdenkmälern von Kaiser Maximilian I. und Andreas Hofer ist **Mo-Sa von 9-17 Uhr geöffnet.**

>> weitere Tipps im Infoteil ab Seite 122

Tiroler Zugspitze

... weite Freiheit über den Wolken

Mit der Tiroler Zugspitzbahn in Ehrwald schweben Sie in nur zehn Minuten auf den höchsten Berg Deutschlands (2.962 m). Es erwartet Sie eine weitläufige Aussichtsterrasse, von der Sie den atemberaubenden Fernblick vom Großglockner in den Ostalpen bis hin zum Piz Bernina (Schweiz) genießen können.

Die Tiroler Zugspitz Arena, mit den Orten Ehrwald, Lermoos, Berwang, Bichlbach, Biberwier, Heiterwang am See und Lähn-Wengle bietet dank seiner großartigen Naturlandschaft beste Voraussetzungen für einen ganz besonderen Urlaub.

Über 100 Wanderwege und Bergrouten auf die Gipfel des Wetterstein- und Ammergebirges, der Lechtaler Alpen und der Mieminger Kette, erfreuen Wanderer und Bergsteiger. Romantische Spazierwege finden Sie auf den Hochebenen oder in Seitentälern. Landschaftliche Juwele stellen die acht Seen rund um die Tiroler Zugspitze dar. Ein attraktives Radangebot mit über 100 Genussrouten bzw. Mountainbiketouren erwarten alle Fahrradfans. Ein ganztägiges Programm im Kidsclub von Montag bis Freitag lassen auch Eltern einmal verschnaufen. Golfer, egal ob Anfänger oder Profi können Ende 2004 auf 9 Loch mit beheizter, beleuchteter Driving Range das Green bestreiten.

Im Winter bietet die Region Schneesicherheit bis ins Frühjahr. Ein umfangreiches und vielseitiges Pisten- und Loipenangebot für die ganze Familie steht im Mittelpunkt für einen perfekten Skiurlaub. Vom Komforthotel bis zur Hüttengaudi, über Apres-Ski bis hin zur romantischen Winterwanderung ist alles möglich.
Unser Tipp: Das „Z-Ticket" - 7 Tage gültig, ermöglicht freie Fahrt mit den Bergbahnen (ausgen. Skibetrieb) und Postbussen. Inkludiert sind viele weitere Leistungen im Sommer u. Winter.

TIROLER ZUGSPITZBAHN EHRWALD · TIROL — *www.zugspitze.com*

Tirol ZUGSPITZ ARENA — *www.zugspitzarena.com*

Nähere Infos: „Tiroler Zugspitz Arena", Kirchplatz 1, A-6632 Ehrwald
Tel: +43 / (0)5673 / 20 000, Fax: DW 2, info@zugspitzarena.com

Foto: Andreas Riedmiller

OSTTIROL: ZURÜCK IN DIE ZUKUNFT

Gottgefällig: die kleine Hauskapelle des Groderhofs, der Gastwirtschaft im Virgental

Schlicht, schön, einsam und fast archaisch ist das irgendwie vergessene Osttirol. Mit dem Norden und dem Süden nicht zu vergleichen

Text: Ulf Lüdeke

»EIN SKILIFT BRINGT NUR KNECHTSCHAFT«

Es klappert die Mühle an rauschenden Bach: Un beeindruckt von moderner Zeiten dreht sich die ses Mühlrad im Virgenta

Tauern-Treck: Pferdeführer transportierten mit ihren Haflingern früher Waren über die Berge. Heute wird das Gepäck der Wandergruppen durch den Nationalpark Hohe Tauern getragen

Wenn man das Glück hat, noch nicht in gestauten Blechlawinen am Brenner festzustecken, vom Inntal aber trotzdem Richtung Süden will, steht es nicht schlecht um die Wahrscheinlichkeit, auf eine wunderbare Überraschung zuzusteuern, vor allem, wenn das Wetter schlecht ist. Gibt es nicht ein Stück weiter östlich noch einen Alpenübergang, einen Tunnel? – Richtig, den Felbertauerntunnel! Er führt direkt ins Pustertal. Der Finger wandert auf der Karte bis nach Lienz, von wo es westlich nach Südtirol und östlich nach Kärnten geht.

Wer sich am Felber Tauern vom schwarzen Tunnelloch schlucken lässt, wird sich nach der Fahrt durch die Röhre fünf Kilometer weiter südlich die Augen reiben: Weil bei den vorherrschenden Nordwestwinden die Hohen Tauern als Wetterscheide wirken, empfängt die Südseite der Hohen Tauern den Reisenden oft mit einem paradiesischem Szenario. Gleißendes Sonnenlicht durchflutet das Innergschlöß, von Kennern gerühmt als einer der schönsten Talabschlüsse der Ostalpen.

Viele, die durch Zufall nach Osttirol gelangen und gar nicht wissen, dass es dieses Land überhaupt gibt, verfallen ihm auf den ersten Blick.

Der ungewöhnliche Charme von Lienz, wie Osttirol als größter von neun Tiroler Bezirken offiziell heißt, überrascht auch bei der Einreise von Süden durch das Pustertal. Nachdem man den antiseptischen Alpentourismus Südtirols von Innichen hinter sich gelassen hat, wandern schon gleich in Arnbach die Blicke ungläubig über unbefleckte Fassaden altehrwürdiger Bauernhöfe. Man ist geneigt, anzuhalten, hinter mit Lüftlmalerei verzierte Gemäuer zu schauen, ob es sich vielleicht nicht doch nur um holzgestützte Kulissen eines Filmdorfes handelt. Arnbach, erste Pustertal-Ortschaft in dem Bezirk, der 1919 durch die Abtretung von Südtirol an Italien zur

Tiroler Exklave in Österreich wurde und von Nordtirol durch das salzburgische Pinzgau getrennt ist, präsentiert sich ohne Schnickschnack: schlicht und schön.

Das fast Archaische, das es in zu Rummelplätzen mutierten Alpendörfern nicht mehr gibt, blieb in Osttirol erhalten und verschwindet auch beim Abstecher ins Tiroler Gailtal nicht, das kurz hinter Sillian vom Pustertal Richtung Osten abzweigt. Ein einsames, mit Heustadeln bespicktes Hochtal, dass sich im Schoß von Lienzer Dolomiten und Karnischen Alpen wie ein gewaltiger Trog 20 Kilometer bis zur Kärntner Landesgrenze wälzt und das sich drei kleine Gemeinden teilen.

Ein mystischer Hauch schlägt dem Neuankömmling entgegen, der in klirrender Winternacht sonntags um vier in der Früh in Obertilliach über knirschenden Schnee stapft. In den engen Gassen der um 600 n. Chr. gegründeten Siedlung in der Mitte des Gailtals huschen an schummrigen Hauswänden viele Schatten stumm vorbei, die alle offenbar dem gleichen Ziel entgegenstreben. Das Pilgerziel ist die Dorfkirche St. Ulrich, in der bis heute ein altes Gelöbnis gepflegt wird: Rosenkränze beten zum Schutz vor Bränden und anderen Katastrophen.

Als typisches Haufendorf ist Obertilliach wegen der dichten Bebauung schon immer extrem durch Brände gefährdet gewesen. Zwar den guten Glauben an den Herrn wahrend, wollten die Obertilliacher es dennoch nicht drauf ankommen lassen. So sorgte schon früh ein weltlicher Diener für zusätzliche Sicherheit: ein Nachtwächter.

Gleich neben St. Ulrich befindet sich eine Gaststube, die es in sich hat: die Labe beim Unterwöger – eine alte, hallenähnliche Diele des barocken Gasthofs Unterwöger, den Hausherr Sepp Lugger, vulgo Unterwöger, mit Kalktuffstein und Holz minimalistisch zum Kleinod verwandelte. „Die Labe ist klassenlos“, sagt er stolz und zählt die Berufe der Männer auf, die gerade hinter dichtem Tabakgewölk am Tresen stehen: Förster, Kraftfahrer, Bankier, Bauer, Politiker, Nachtwächter.

Osttirol, abseits großer Transitrouten vom Geldadel gemieden und verschont, kann auf Kapital von außen verzichten, meint der Unterwöger. „Wir brauchen hier keinen Masterplan, sondern ein Zubrot, das uns aus der eigenen Kraft erwächst“. Zwar habe es „a bisserl gedauert“, bis der Obertilliacher das verstanden hätte. Aber besser später als nie.

Vier Dutzend Bauernhäuser im alten Ortskern zeugen von der Erkenntnis. Die Jahrhunderte alten wuchtigen Berghöfe, die sich wie eine Herde Schafe im Schneesturm aneinander schmiegen, wurden kurz vor dem Verfall von den Eigentümern durch Sanierung gerettet: Perlen alpenländischer Architektur, ein Dorf im Dorf. Und auch das neue, 1,8 Millionen Euro teure Biathlon- und Langlaufzentrum ist ein Projekt, dessen Geldgeber alle aus dem Gailtal stammen. Nur die Werbung dafür hat ein Fremder übernommen: der Norweger Ole Einar Björndalen, fünffacher Biathlon-Olympiasieger – und, mit freundlicher Unterstützung seines Steuerberaters, prominentester Neu-Obertilliacher.

Während in Obertilliach längst ein kleiner Skilift steht, geht es zwei Bergtäler weiter nördlich noch ruhiger zu. Dort wird seit fast drei Jahrzehnten debattiert, ob der Natur diese Unschuld straflos zu rauben ist.

Gilt Osttirol selbst als vergessener, zweiter Landesteil Tirols, trifft dies in der Potenz auf das obere Villgratental zu, wegen seiner erzkonservativen und stockkatholischen Einstellung gelegentlich auch „das letzte Tal Gottes“ genannt.

Das Tal strotzt nur so vor urtümlicher Vitalität. Keine Hotels, kein Schuhladen, nicht mal Reklametafeln für Stroh-Rum gibt es in Innervill-

Bauernhäuser aus Lärchenholz, Jahrhunderte alt, prägen das Bild im Villgratental, dem „letzten Tal Gottes"

»UNSER KAPITAL IST DIE INTAKTE BAUERNWELT«

Druck von oben: In der Blaha, einem Rupfentuch, wird das Heu getragen. Noch 20 Prozent der Osttioler Höfe leben nur von der Landwirtschaft

Schutz von oben: Auf „Marterl", Heiligenstöcke oder Bildsäulen, trifft man noch an den kleinsten Wanderpfaden. Oft stehen sie an Plätzen, wo sich ein tödliches Unglück ereignete

graten. Stattdessen riesige Bergbauernhöfe, deren wettergegerbte Lärchenholzfassaden himmelwärts mit Wolken um die Wette flecken. Von den 650 Almen Osttirols zieren allein 90 diese Gegend.

Trotz der extremen Hanglagen – einige Wiesen können nur gesichert am Seil gemäht werden – gibt es nirgends so viele Vollerwerbsbergbauern. 70 Prozent aller Höfe leben allein von der Landwirtschaft, im Bezirksdurchschnitt sind es 20 Prozent. „Intakte Bauernwelt und funktionierende Natur, das ist unser Kapital", sagt Alois Mühlmann, Gründer des Heimatpflegevereins, Herr des von Gourmets geschätzten Gannerhofs. Wie die Gailtaler seien auch die Villgrater nicht für knallharten Tourismus geschaffen. „Ein Skilift bringt den Bauern nur Knechtschaft. Erst ändern sich die Gäste, dann die Einwohner. Und schließlich ist es aus mit dem besonderen Charme."

Um rund 20 Prozent ist die Zahl der Sommerübernachtungen in Osttirol seit 1990 eingebrochen. Das liegt durchaus im Trend. An der Stategie, mit dem sanften Tourismus zu werben, soll aber festgehalten werden: „Dein Urlaub liegt in unserer Natur."
Man muss allerdings schon genau hingucken, um zu verstehen, dass sich hinter dem offiziellen Werbeslogan des Bezirks Lienz eine Einladung verbirgt – und nicht die Aufforderung zu einer Spende.

„Spinner haben es schwer hier", seufzt Josef Schett. Der 43-jährige Vater von fünf Töchtern, der eigentlich Rupert heißen sollte und dann Josef wurde, „weil es der Pfarrer so wollte", hat in Innervillgraten 1991 einen Betrieb gegründet, der mittlerweile ein Drittel der österreichischen Schafwolle verarbeitet sowie Lammfleisch und Schafkäse produziert. Im Tal hieß es, „Schett ist verrückt", Lamm habe niemand auf der Karte. Inzwischen führt Schett ein rentables, in Osttirol als vorbildlich gelobtes Unternehmen.

Dass in dieser berückenden Bergwelt manch moderner Gedanke in reaktionärem Sumpf verschwindet, diese Erfahrung wurde Schett und Mühlmann nicht erspart. Mitte der Neunziger mehrten sich im Tal Stimmen gegen die „Kulturwiese", die mit dem Heimatpflegeverein traditionelle Pfade verließ. 1996 ging der 300 Jahre alte Bergbauernhof des Heimatvereins in Flammen auf. „Abgefackelt", sagt Schett, „ich weiß, wer es war, kann es aber nicht beweisen."

Zwei Täler weiter nördlich wird dem Ort am Ende des Virgentals die kalte Schulter gezeigt: Die Grenze von Prägraten zum Nachbarland Salzburg liegt hoch oben tief unter Gletschern begraben, die sich wie Gullivers Federbetten um die 31 Dreitausender der Venedigergruppe schmiegen. Nirgendwo sonst in Osttirol gibt sich das Hochgebirge kompakter und wilder, geädert von zahllosen Bächen, die sich in die am Umbalkees entspringende Isel ergießen. Das Umbalkees ist der größte Gletscher der Region.

Doch im Gegensatz zum südlich verlaufenden Defereggental, dem ein-

MERIAN | TIPP Krampusnacht in Matrei

Halloween? Ein lächerlicher US-Import, ungefähr so furchteinflößend wie Schweinchen Dick. Wer wirklich Schauriges erleben möchte, sollte **die Nacht vom 5. auf den 6. Dezember** im Osttiroler Matrei verbringen. Wenn die Dunkelheit das kleine Dorf gefangen nimmt wie ein Rabe seine Beute, wird die Stille ohrenbetäubend. Und dann kommt ES: **das Böse.** In hundertfacher Gestalt, mit schrecklichen Gesichtern – der Bluatige, der Bock, der G'nahte, der Schlächter – in Fellen und Lumpen, und die Stille wird plötzlich gefüllt von Schellengeläut, von Stampfen und Schreien, dass man glaubt, das Jüngste Gericht sei angebrochen. Und das ist gar nicht so falsch, denn die Krampusse, die hier mit Holzlarven (Masken) verkleidet durch die Straßen marodieren,

Passanten in Raufereien verwickeln, in Häuser eindringen und Tische nach draußen zerren, symbolisieren neben dem guten Nikolaus das Böse, das die heile Welt der Familie bedroht. Und die Krampusse sollen daran erinnern, dass – memento mori – der Tag kommt, an dem wir Rechenschaft abzulegen haben. Und es gelingt ihnen.

>> weitere Tipps im Infoteil auf Seite 124

Urgestein: Blick von einem Marterl auf die steilen Felswände der Lienzer Dolomiten

Urgemütlich: der Gasthof Unterwoger in Obertilliach. Wirt Josef Lugger machte die Labe, den Gastraum, zum Kleinod

zigen Osttirols, wo sich ein nennenswerter Wintertourismus entwickeln konnte, sind den Prägratern enge Grenzen gesetzt. Schöne zwar, aber zu steile: Die Hanglage unterhalb des ewigen Eises lässt die Erschließung von Skigebieten nicht zu. Verdammt zum sanften Tourismus und doch nicht richtig glücklich damit: Bei einem Berufsauspendler-Anteil von mehr als 70 Prozent ist es nur ein schwacher Trost, wenn die Gäste „vor allem kommen, weil es hier ruhig ist", seufzt Bürgermeister Johann Kratzer. „Weihnachten sind wir ausgebucht. Ansonsten ist Wintertourismus hier schwierig."

Wanderern und Tourengehern hingegen geht das Herz auf in der einsamen Gebirgswelt. Immerhin: Nach dem heißen Sommer 2003 spuckte die Gletscherzunge des Umbalkees am Ende der weißen Ewigkeit in 2600 Metern Höhe die Reste einer JU 52 aus, die im Januar 1941 ein paar hundert Meter weiter oben aufgeschlagen war. Nun soll der zerfledderten Tante Ju ein Museum gewidmet werden und neue Gäste bringen. Absturz als Aufbruch.

Dass die Umbalfälle noch immer talwärts schäumen, ist gar nicht selbstverständlich. Wäre das Wasserkraftwerk im Dorfer Tal bei Kals am Großglockner gebaut worden, hätte man den Umbalfluss in Gebirgsstollen unterirdisch umgeleitet.

Wer im Hochgebirge aufwächst, der weiß sich selbst bei Regen mit Slippern auf glitschigem, von schratigen Zirbenwurzeln durchzogenem Pfad an steilem Hang geschmeidig zu bewegen. Wenn der Großglockner, mit 3798 Metern Österreichs höchster Berg, sich im Wolkenbad entspannt, dann führt Sepp Oberlohr, oberster Hirte des Fremdenverkehrs des Glocknerdorfs, Gäste gerne zur Moaalm, um eine Attraktion zu zeigen, die man nicht sehen kann.

In 1800 Metern Höhe hat man einen guten Blick auf die 200 Meter tiefer liegende Daberklamm und das Dorfer Tal, das sich vier Kilometer bergwärts erstreckt. Oberlohr schwenkt den linken Arm feierlich waagerecht übers Tal: Das alles wäre verschwunden, wäre die Staumauer für das Wasserkraftwerk, deren Scheitel bis zu seinen Slippern gereicht hätte, je gebaut worden.

Das Dorfer Tal, dessen unberührte Schönheit über jeden Zweifel erhaben ist, steht als Symbol für Osttirols zerrissene Seele, für den Traum, alles beim Alten zu lassen und die Moderne trotzdem nicht zu verpassen. Ein beherztes Bekenntnis fehlt, obgleich das Land einem Garten Eden gleicht. Zu tief sitzt die Angst, in den falschen Apfel zu beißen. □

Ulf Lüdeke, *Jahrgang 1965, freier Autor, verbringt seinen Urlaub regelmäßig in Osttirol.*

Die Holzbildhauer kämpfen gegen die Last des Klischees und die Konkurrenz der Billig-Importe. Sie müssen sich was einfallen lassen. In Elbigenalp lernt der Nachwuchs den richtigen Schwung mit dem Eisen

Text: Martin Rasper, Fotos: Andreas Riedmiller

Keine Krippen

DIE JUNGS IN DEN JEANS STEHEN IMMER NOCH DA – dabei sind sie doch in Wirklichkeit längst weg, der Christian, der Martin und der Norbert. Aber manche Leute hinterlassen eben Spuren. So wie die drei Absolventen der Holzschnitzerschule in Elbigenalp, die als Abschlussarbeit sich selbst dargestellt haben. Lebensgroß. Mit Ziegenbärtchen der eine, mit Rastalocken der andere, alle mit nacktem Oberkörper und in Jeans. Sogar die Gesichtszüge, versichert Direktor Robert Maldoner, seien perfekt getroffen. Jesus! Was ist nur aus den Tiroler Holzschnitzern geworden!

Wie gemeißelt ragen die Kalkpyramiden der Lechtaler Alpen, Anfang Oktober schon schneebestäubt, gegen einen stahlblauen Himmel – so wie sich das gehört im abgelegenen Lechtal, dem Rückgrat des Außerfern, das vom übrigen Tirol durch den Fernpaß getrennt ist. „Überm Fera braucht mer a Joppn mehra“, hieß es einst. Hier waren die Bauern noch vor hundert Jahren so arm, dass manche ihre Kinder zu Fuß zum Arbeiten nach Deutschland schicken mussten: die „Schwabenkinder“. Um etwas dazuzuverdienen, versuchten sich hier von alters her viele Bauern in der Holzschnitzerei. In jeder besseren Dorfkirche stehen Heilige mit faltenreichem Gewand und entrücktem Gesichtsausdruck; vor allem während des Barock schufen Künstler wie Anton Sturm herausragende Werke. Und Krippen bauen ist noch heute beliebtes Hobby; sogar staatliche Subventionen gibt es für Krippenvereine.

Dass die einzige Holzschnitzerschule Österreichs in Tirol steht, auf halbem Weg zwischen Reutte und Lech, ist also einerseits nicht verwunderlich, hat aber noch einen anderen Hintergrund: Der Künstler und Historiker Anton Falger hatte sie um 1840 als private Zeichenschule in seinem Haus in Elbigenalp gegründet. Die Mauern, hinter denen der Holzschnitzernachwuchs ausgebildet wird, stehen seit über 200 Jahren – auch wenn so oft umgebaut wurde, dass davon nichts mehr zu sehen ist. Ein passendes Symbol für die Situation des Gewerbes. „Die Frage, die wir uns stellen“, sagt Direktor Maldoner in seinem kehligen Lechtaler Akzent: „Wo kann ein Holzbildhauer heute überall tätig werden?“

JA, DAS IST DIE FRAGE. DENN EIGENTLICH GIBT ES NICHT mehr viel zu tun für Holzbildhauer. Der gottesfürchtige Herrgottschnitzer, der so knorrig ist wie das Material, das er bearbeitet, existiert nicht mal mehr als Klischee. Die Nachfrage für Heiligenfiguren hält sich in Grenzen. In den Souvenirläden steht Maschinenware: röhrende Hirsche und Madonna mit dem Kinde in 20 Größen. Und was im Bauhandwerk an Schnitzerei so anfällt – hier ein Balken, dort ein Schild – dafür ist keine Ausbildung notwendig. Bleibt der künstlerische Weg: Bildhauer. Von den etwa ein Dutzend Absolventen, die der Ausbildungsgang Bildhauerei pro Jahr hervorbringt, schaffen es allerdings nur zwei oder drei, tatsächlich in diesem Beruf zu arbeiten. Die anderen werden Taxifahrer. Oder Skilehrer. Oder Webdesigner.

Trotzdem gibt es immer wieder junge Menschen, die versuchen, ihren Traum zu leben. Den Traum von der Kunst aus dem Holz. „Man muss halt gut sein und Freude an der Sache haben und Ideen, dann wird's schon klappen“, sagt Katharina Baumgartner, eine 22-jährige blonde Allgäuerin aus der diesjährigen Anfängerklasse. Oder Edi Hass, mit 35 Jahren der älteste unter den Schülern; er hat Tischler gelernt und schon 15 Jahre in diesem Beruf gearbeitet. Er weiß also, wie man mit Holz umgeht, kann sich deshalb einen Teil der Grundausbildung sparen und nebenher weiter als Tischler jobben.

Auf Dauer ist Hass das Tischlern allein jedoch „zu fad“, deshalb will er Künstler werden. Beide Schüler wirken so, als hätten sie bereits verinnerlicht, was der Bildhauer-Lehrer Josef Jehle seinen Schülern unermüdlich einschärft: „Gründlich das

Der Motorsägen-Mann: Alois Fasching zaubert mit seiner Maschine beeindruckende Werke aus dem Holz. Unten: das Motiv der Kreuzweg-Station „Jesus wird zum Tode verurteilt" in der Kirche von Debant

Tradition: In der Holzschnitzschule Elbigenalp werden seit 1840 Holzbildhauer ausgebildet. Aber auch das Handwerk des Vergolders kann in Elbigenalp erlernt werden

Handwerk lernen, fleißig sein, nie nachlassen, an der eigenen Entwicklung zu arbeiten!“

Fantasie ist jedenfalls vorhanden. Der Ausstellungsraum der Schule lässt den Betrachter staunen, darüber, was sich mit Holz alles anstellen lässt. Da grinst ein Hip-Hopper mit Bärtchen und Wollmütze; der Schriftsteller Günter Nenning, auf Gartenzwerggröße reduziert, liegt feixend in der Badewanne. Vier lebensgroße Fußballer stellen eine packende Spielszene dar, während drei Holzbildhauer lustvoll an einem weiblichen Akt herumhauen. Und so geht es weiter, 100 Quadratmeter voller lebendiger Holzbildhauerei, die nichts zu tun hat mit Schmacht und Kitsch. Robert Maldoner, selbst Bildhauermeister und seit 17 Jahren Schuldirektor, ist entzückt über die Kreativität seiner Schüler: „Uns ist wichtig, dass wir sowohl den Kreativen wie den handwerklich Orientierten eine Perspektive bieten.“

Wo ist denn der Bär hin? Ja, schade, sagt Gotthard Weißenbach, der Bär ist weg, ich hatte mich auch an ihn gewöhnt. Vor vier Wochen war der Reporter schon einmal dagewesen, da stand vor dem Geschäft in Häselgehr ein prächtiger Bär, wie aus Holz gewachsen, lebensgroß auf den Hinterbeinen. Inzwischen hat ihn der Auftraggeber abgeholt, ein Deutscher, der in der Nähe eine Ferienwohnung hat; dort steht der Bär jetzt wohl im Wohnzimmer.

Weißenbach ist einer jener Holzschnitzer, die einen Souvenirladen betreiben und nebenher traditionelle Handwerksstücke anfertigen. Er ist 1940 geboren und in den sechziger Jahren von der Schnitzschule abgegangen; heute wäre es wohl ein rechtes Wagnis, solch einen Laden zu eröffnen. Mit der Tatsache, dass die Massenware meist von Fräsmaschinen im Grödnertal gefertigt wird, geht Weißenbach gelassen um: „Die meisten Kunden wissen, dass man zu solchen Preisen keine Handarbeit machen kann.“ Umso mehr freut es ihn, wenn er mal wieder zeigen kann, was er gelernt hat. Bären sind leider selten.

VON HANDARBEIT LEBT AUCH ELBIGENALP-ABSOLVENT Erich Ruprechter. Er fertigt holzgeschnitze Verzierungen, etwa für Holztäfelungen, oder die so genannten Schleierbretter, die in manchen barocken Kirchen die Orgeln umrahmen. Oder er arbeitet für private Auftraggeber. Das sind meist Menschen, die mehr Geld als Geschmack haben. Für einen reichen Privatier hat er schon ganze Zimmerverkleidungen gemacht: gotische Spitzgiebel fürs Schlafzimmer, Blumenranken für den Salon und eine riesige Deckenrosette für die holzvertäfelte Garage. Dort stehen die Ferraris auf Teppichboden, in der Ecke neben der Bar plätschert ein Zimmerspringbrunnen, und an der Decke prangt jetzt eben Ruprechters Rosette: ein kitschig bunter Traum aus Weinblättern, Acanthusranken und venezianischen Masken. Man sieht den Hausherrn förmlich vor sich, wie er mit bewusst beiläufigem Stolz den Besuchern erklärt: „Von einem Holzschnitzer aus Tirol, Einzelstück, alles original handgemacht!“

WIE BESCHREIBT MAN EIGENTLICH DAS GERÄUSCH einer elektrischen Kettensäge? Alois Fasching hält kurz bei der Arbeit inne und lässt die Säge sinken: „Hab' ich nie drüber nachgedacht.“ Durchs Fenster des Ateliers, im zweiten Stock von Faschings Bauernhaus hoch über Lienz, scheint eine freundliche Sonne. Fasching, ein schmaler, zurückhaltender Mann, ist einer der Absolventen der Schnitzschule von Elbigenalp, der es geschafft hat. Er ist als Künstler anerkannt, bekommt Aufträge von Kirchen und Gemeinden, seine Arbeiten sind auf internationalen Austellungen zu sehen.

Die Spitze seiner Kettensäge tanzt um die Skulptur herum, nähert sich ihr wie ein Reptil, frisst sich blitzschnell ins Holz und zieht sich wieder zurück. Noch ein paar Mal zuschnappen, und aus dem Holz wächst eine Hand. Es ist ja ein beliebter Bildhauer-Satz, dass die Skulptur in dem Material schon

Moderne: Im Austellungsraum der Schule Elbigenalp sind nicht nur Madonnen-Skulpturen zu bewundern. Zeitgenössische Arbeiten belegen, dass Holzschnitzkunst nicht von gestern ist

vorhanden sei und der Künstler sie nur freilege. Andererseits: ein falscher Schnitt jetzt, und alles wäre kaputt. Die Säge übrigens klingt wie eine Mischung aus Zahnarztbohrer und Moped.

Wie gründlich muss man die Anatomie der menschlichen Hand begriffen haben, um sie mit solch groben Schnitten darstellen zu können? „Man kann eine Form nur abstrahieren, wenn man die Grundform beherrscht", sagt Fasching, der diesbezüglich „extrem dankbar" ist für das, was er auf der Schnitzschule gelernt hat. „Ein Freund von mir war auf der Kunstakademie, der hat sich meine ganzen Anatomie-Skripte kopiert, weil die so was gar nicht gemacht haben", erzählt er. Und obwohl er die Schnitzeisen schon vor Jahren weggelegt hat und nur noch mit der Kettensäge arbeitet, könne er „jederzeit wieder aus dem Gedächtnis einen traditionellen Akt machen".

FASCHING HAT EINES DER EINDRUCKSVOLLSTEN BEISPIELE zeitgenössischer Tiroler Holzbildhauerkunst geschaffen: den Kreuzweg in der Kirche von Debant. Die 14 Holzreliefs des Kreuzwegs, durchkomponiert bis ins Detail und von archaischer Kraft, sind ebenso sehr eine Meditation über Christus wie ein Hochamt der Kunst. Man fühlt sich an Tucholsky erinnert, der angesichts der Kathedrale von Albi notierte: „Ihr Anblick schlägt jeden Unglauben für die Zeit der Betrachtung knockout." Das ist kein Heiland, dessen Leiden bis zur Unkenntlichkeit verkitscht ist, und auch kein Pop-Jesus, der als Abziehbildchen taugen würde. Nein, die Bilder, die Fasching mit der Kettensäge aus den 20 Zentimeter dicken Zirbenholzplatten herausgebolzt hat, haben eine Wucht, die die fröhliche Klarheit einer Kinderbibel mit der schneidenden Schärfe einer existenzialistischen Erzählung verbindet.

Schon die erste Szene zwingt den Betrachter, das Bild, das er bisher im Kopf mit sich herumtrug, von diesen rauen Holzfiguren nachhaltig überprägen zu lassen: Pontius Pilatus wäscht seine Hände in Unschuld. Aber wie! Der Mann wirkt so was von unschuldig, dass er einem fast Leid tut. Jesus dagegen, der ist schon ganz im Jenseits, kein Mitleid mehr mit dem Mann, es lohnt nicht. Man regisitriert diese Gefühle, und im selben Moment erschrickt man darüber.

Und so geht es weiter. Jede Szene eine Parabel über die Welt und die Menschen. Und in jedem Faltenwurf, jeder Figur erkennt man das Wissen des Künstlers um den menschlichen Körper. Da gibt es die Szene, in der vier Menschen auf Jesus herumtrampeln: Man sieht nur die Wadenmuskeln, aber die haben einen derart präzisen Ausdruck, dass man förmlich den Druck auf dem geschundenen Körper spürt.

Man steht davor und hofft plötzlich, dass dieses Leiden nicht umsonst gewesen sei. Dabei hat sich der Betrachter doch für diese Geschichte nie sonderlich interessiert. Tja, dann muss es wohl wirklich Kunst sein. □

Martin Rasper, *Jahrgang 1961, lebt als freier Journalist in München und war fasziniert von Kunst und Handwerk der Holzschnitzer.* **Andreas Riedmiller,** *fotografierte in dieser Ausgabe auch den „Poeten von der Alm" (S. 108).*

MERIAN | TIPP

Schnitzschule Elbigenalp
Die Ausbildung dauert vier Jahre und endet mit einem Abschluss, der dem des Gesellen entspricht. Neben der Ausbildung zum Holzbildhauer gibt es auch den Ausbildungsgang „Vergolder und Schilderhersteller", der eine Kombination aus Grafik-Design und Restaurator darstellt. Die Schule veranstaltet im Sommer auch Kurse für Touristen. Tel. (056 34) 62 26 www.schnitzschule.at

Kreuzweg in Debant Pfarrgemeinde Debant, Pfarrer Toni Mitterdorfer, 9990 Nußdorf-Debant, Tel. (048 52) 620 40

HEUER & SACHSE
TOP-ADRESSEN IM WALZERTAKT.
MERIAN
live!
Wien
Kaffeehäuser und Beisln • Wo Wien sich vergnügt • Von Freud bis Hundertwasser • Wiens reiche Geschichte • Shopping • Sightseeing • Ausgehen
12 Seiten Kartenatlas und U-Bahnplan
magazin
live!
classic
guide
kompass
scout
MERIAN live! präsentiert die Donaustadt für alle Sinne: Entdecken Sie selbst, was den Reiz von Wien zwischen Hofburg und Heuriger, Wiener Schmäh und Museumsquartier ausmacht. Die MERIAN live! Reiseführer: kompetente Autoren, nützliche Tipps, aktuelle Adressen, umfangreicher Kartenatlas. Überall, wo es Bücher gibt. Mehr Informationen unter WWW.MERIAN.DE
MERIAN
live!
Die Lust am Reisen

Gesegnet mit urwüchsiger Natur, geplagt von knappem Siedlungsraum. Um diesen Konflikt zu lösen, erfindet jedes Tiroler Tal den Naturschutz neu

Kein schöner

Text: Hans Haltmeier

NATIONALPARK HOHE TAUERN: Das Schutzgebiet zu Füßen von Großglockner und Großvenediger ist ein fast unberührter Lebensraum für viele seltene Tier- und Pflanzenarten. Das 1800 Quadratkilometer große Refugium umfasst Gletscher und Wildbäche wie den Gschlössbach (rechts).

FLORA UND FAUNA: Das EDELWEISS ist sehr selten geworden, zu viele Bergwanderer haben danach gegriffen. Der hochalpine Korbblütler wächst bis zu einer Höhe von 3500 m. BARTGEIER waren in den Alpen bereits ausgerottet. Seit den neunziger Jahren werden die Greifvögel in den Hohen Tauern wieder angesiedelt – mit Erfolg. Der GLETSCHERHAHNENFUSS wächst selbst noch in Höhen von über 4000 m – ungewöhnlich für eine Blütenpflanze mit zarten Blättern und offenem Wuchs.

Land

Foto: Lois Lammerhuber

Foto: Werner Gamerith

Der Lech – Ein Wildfluss erobert sein Tal zurück

Der LECH – hier bei Forchach – wurde in den 1960er Jahren begradigt, Uferböschungen zubetoniert. Folge: Natürliche Überschwemmungen blieben aus, Tiere und Pflanzen der Lechauen verloren ihren Lebensraum. Längst aber wird umgedacht: Anwohner des Flusses, Naturschützer und Regierung rauften sich zu einem Renaturierungsprojekt zusammen.

TIERE AM WASSER: Der FLUSSREGENPFEIFFER braucht einen Brutplatz mit freier Sicht. Sein Nest baut er gern auf Schotterbänken. BILEKS AZURJUNGFER ist eine erst 1952 entdeckte Libellenart. Sie lebt nur im Lechtal. Der LAUBFROSCH laicht am Lech. Mithilfe von Haftscheiben an seinen Finger- und Zehenspitzen klettert er auf Büsche und Bäume an den Böschungen.

Foto: A. Sarti / R. Hölzl

Karwendelgebirge
eine Insel in der Zeit

Das KARWENDELGEBIRGE (hier der Kelberg) – ist das größte Naturschutzgebiet Österreichs. Urwüchsige Bergwälder, Almwiesen und Schluchten sichern die Artenvielfalt der Tier- und Pflanzenwelt. Sie ziehen jedoch auch Touristenmassen an.

FLORA UND FAUNA:
Der STEINADLER, das Tiroler Wappentier, ist am Karwendel ebenso zu Hause wie der FLIEGENRAGWURZ, der Insekten in seine Blütenfalle lockt, sie aber nach der Bestäubung wieder entkommen lässt.
Die HOPFEN-HAINBUCHE gedeiht vor allem an den sonnigen Südhängen des Gebirges.

An manchen Tagen brennen die Laliderer Wände lichterloh. Die Morgensonne taucht den ausgefransten Grat in flammendes Rot, angefacht vom Westwind, der vom Karwendeltal herauf zur Falkenhütte weht. Der Wirt wirft seinen Gästen zum Abschied ein knorriges „Servus" hinterher, und wenn er ein paar Minuten später aus dem Fenster der Wirtsstube schaut, sind die Wanderer im Schatten der imposanten Felsmauern zu Ameisen geschrumpft. Schritt für Schritt ziehen sie über die Schotterkegel wie die ersten Jäger, Hirten und Harzhändler, die sich vor 1000 Jahren in diese unwirtliche Gegend wagten.

Das Karwendelgebirge ist eine Insel in der Zeit. Mag an seiner Südflanke Innsbruck pulsieren, sollen im Westen und Osten Autokolonnen zwischen dem Inntal und Deutschland hin- und herkriechen – was soll's? In der Kalksteinfestung rings um die Birkkarspitze verläuft sich die Hektik der Städter. 730 Quadratkilometer misst das Labyrinth aus Trogtälern, Schluchten, Karen und Almwiesen auf Tiroler Boden. Drei Viertel davon sind Naturschutzgebiet – das größte Österreichs und eines der ältesten in den Ostalpen: 1928 wurde das Kernstück zum Banngebiet erklärt, vor allem, um die Jagdreviere vor dem damals einsetzenden Ansturm der Touristen zu schützen.

Jedes Tal hat seinen eigenen Charakter bewahrt. Urwüchsige Bergwälder krallen sich in der tosenden Schlucht des Vomperlochs fest, wo der Holzeinschlag seit Jahrzehnten nicht mehr lohnt. Im Gleirschtal lockt der seltene Fliegenragwurz Insekten an und lässt sie wieder entkommen, nachdem sie die Blüte bestäubt haben. An der Südflanke des Massivs lassen die Sonne und der warme Südwind Hopfenbuche, Blasenstrauch und violetten Dingelwurz erblühen, eine „Föhnflora", die in Tirol einzigartig ist. Und sobald sich an warmen Tagen die Thermik über den Tälern entwickelt, brechen die Steinadler zu ihren Patrouillenflügen auf. 14 Paare teilen sich die Lufthoheit zwischen Seefeld und Pertisau. Damit ist das Karwendel eines der am dichtesten besiedelten Adlerrefugien der Alpen.

Wenn die Greife im Engtal kreisen, über Bergahorn-Riesen, von denen manche 600 Jahre alt sind, dann blitzt durch die mächtigen Kronen das 21. Jahrhundert zu ihnen herauf. Autolack und Windschutzscheiben, die in der Sonne glänzen, markieren das „ökonomische Gravitationszentrum" des Karwendel: den Alpengasthof Eng samt Parkplatz für 700 Autos und Reisebusse. 240 000 Fahrzeuge rollen jedes Jahr über den Asphalt der Mautstraße. Eine Million „Nutzer" finden 470 Kilometer Forstwege und ungezählte Pfade vor, die 61 Berghütten vernetzen. Die größten unter ihnen bringen es zusammen auf 5000 Übernachtungen im Jahr. Canyoning und Paragliding, Skitouren auf dem Schafreuther und Badespaß an der jungfräulichen Isar – längst umschmeicheln Marketingexperten die schroffe Felsenbastion als „Alpenpark" und „Erlebnisraum".

Naturschutz im Herzen Europas ist immer ein Kompromiss. Wie viel Mensch verträgt die Wildnis? Kaum ein Land braucht dringender Antworten auf diese Frage als Tirol. Nur ein Achtel der Landesfläche lassen sich dauerhaft nutzen. 680 000 Einwohner teilen sich einen Siedlungsraum, der etwa dem Doppelten der Stadtfläche von Berlin entspricht – insgesamt etwa 1500 Quadratkilometer. Fast jede Berghütte hat Internet-Anschluss, aber in den Köpfen teilen die Gipfel und Grate das Land wie eh und je. Jedes Tal sucht seinen eigenen Weg zwischen Naturerlebnispark und behüteter Wildnis.

Im Außerfern, dem äußersten Nordwesten Tirols, war dieser Weg besonders steinig. Dort fläzt sich der Lech meist so unschuldig in sein Kiesbett, als sei die Welt in seinem Tal noch in Ordnung. Seine türkisen Finger umspielen hun-

Typisch Tirol – Pflanzen und Tiere, die hier zu Hause sind

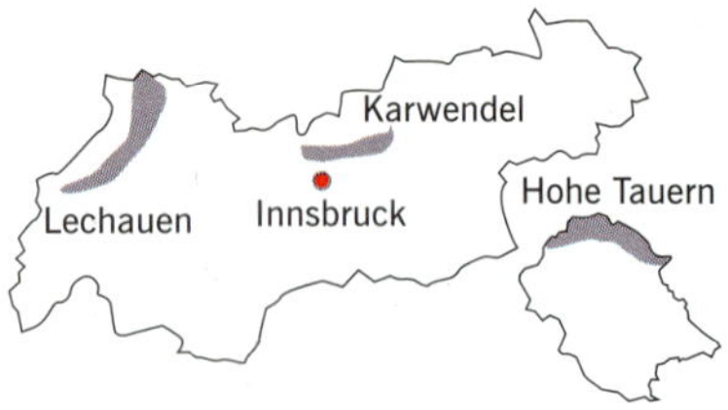

Zur schnellen Orientierung: Der **Lech** fließt im Außerfern im Nordwesten Tirols, das **Karwendelgebirge** erstreckt sich nördlich von Innsbruck, und der **Nationalpark Hohe Tauern** im Norden Osttirols grenzt an das Salzburger Land und an Kärnten.

FLUSSUFERLÄUFER Der amselgroße Watvogel schwirrt mit schnellen Flügelschlägen über das Wasser. Beim Stehen knickst er auffällig auf den Stelzenbeinen. Als Zugvogel bleibt der Flussuferläufer nur etwa drei Monate im Brutgebiet, im Risstal des Karwendel ist er von Mai bis Mitte Juli unterwegs. Die Gelege platziert er gut getarnt auf locker bis stark bewachsenen Kiesbänken. Werden die Eier bei Hochwasser fortgespült, ersetzt er sie schnell durch ein neues Gelege.

GEFLECKTE SCHNARRSCHRECKE Diese seltene Heuschreckenart hat im Tiroler Lechtal ihr größtes Verbreitungsgebiet. Sie ist auf die etwas erhöhten Bereiche der Kiesbänke von schnell fließenden Flüssen angewiesen. Im Flug, der von einem sanft schnarrenden Geräusch begleitet wird, sind die roten Hinterflügel zu erkennen.

derte winziger Kiesinseln, kratzen am brüchigen Ufer. Und sein Murmeln verströmt eine erhabene Ruhe. So scheint es seit jeher zu sein, und für immer.

Wären da nicht diese hölzernen Skelette. Gestrandete Zirben, zersplitterte Fichten. Mit jäher Kraft einem Berghang entrissen und talwärts geschleudert, wo sie wie groteske Skulpturen im Kies stecken. Sie sind Mahnmale der anderen, der unberechenbaren Seite des Lechs. Wenn die Rinnsale in seinen Seitentälern zu reißenden Wildbächen anschwellen, gespeist von Wolkenbrüchen oder schmelzendem Schnee, dann fordert der Lech die Herrschaft über sein Tal. Dann macht er seinem Ruf als einer der letzten Wildflüsse Europas alle Ehre.

Irgendwann in den sechziger Jahren waren es die Menschen an seinem Ufer leid, die Launen des schlummernden Giganten länger zu erdulden. Mühevoll hatten sie dem Tal über Generationen hinweg einige Quadratmeter Weideland abgerungen, eine Straße hineingelegt, ihre Kirchen und Höfe bis nahe an die Böschung gerückt. Damit die Hochwasser diese ertrotzte Heimat nicht regelmäßig zerstörten, trieben sie dem Fluss Buhnen in die Flanken und diktierten ihm mit Steinwällen einen schnurgeraden Lauf. In seine Seitentäler betonierten sie Geschiebesperren und raubten ihm so den Schotter, auf den er sich immer wieder neu bettete. Möglichst schnell sollten die Fluten das Tal verlassen.

Sie haben sich nichts geschenkt, der Lech und seine Anrainer. Nach drei Jahrzehnten brachialer Zähmung fallen in den Brunnwässern des Tals die Pegel, in den Seitenflüssen versiegt den Forellen das Lebenselement. Unter der Johannisbrücke bei Weißenbach installierten die Ingenieure eine Engstelle, die den Wasserlauf wie eine Düse beschleunigen sollte. Doch der Lech tobte sich an den Fundamenten der Brücke aus, bis ein Pfeiler keinen Halt mehr fand. Drei Meter zu tief hat sich der Fluss in die Talsohle eingegraben. Die natürlichen Überschwemmungen der Uferzone, die Tiere und Pflanzen seit Urzeiten formten, bleiben aus. Dem Auwald stockt der nasse Atem.

Die Lechauen sind in Europa eines der letzten Refugien für Tier- und Pflanzenarten, die an den Pulsschlag natürlicher Flüsse angepasst sind. Pionierpflanzen wie die vom Aussterben bedrohte Deutsche Tamariske, die einst an allen Flüssen Mitteleuropas heimisch war, finden in den Lechauen eine letzte Zuflucht. In ihrem lichten Schatten tummelt sich ein höchst gefährdetes Bestiarium: Flussuferläufer und -regenpfeifer, Gefleckte Schnarrschrecken und Bileks Azurjungfern, eine erst 1952 entdeckte Libellenart. Für sie ist das Lechtal sogar der einzige Lebensraum weltweit.

Anders als im Karwendel, wo die Natur in erster Linie Rohstoff für die Freizeitindustrie ist, haben die Lechtaler dem jähzornigen Herrscher des Tals nun die Hand gereicht. Fischer, die Aktivisten des World Wide Fund for Nature (WWF), sogar die Fachleute von der staatlichen „Lawinen- und Wildbachverbauung" rauften sich für ein Renaturierungsprojekt zusammen. Die „Wildflusslandschaft Tiroler Lech" soll zum europäischen „Vorzeigeprojekt für moderne Schutzwasserwirtschaft, Artenschutz und ökologische Bewusstseinsbildung in der Bevölkerung" gedeihen. Bis 2006 investieren die Europäische Union, die Bundes- und Landesregierung sowie der WWF-Österreich 7,8 Millionen Euro in dieses „Life"-Projekt, um den Fluss von seinem Korsett zu befreien und seine schwer atmenden Auen wiederzubeleben.Das Ziel ist jedoch noch höher gesteckt: Zwischen Vils und Steeg sollen der Lech und seine Seitentäler zum Nationalpark erhoben werden – in die höchste nationale Schutzkategorie. Ein Gesetzesentwurf liegt seit Januar 2003 auf dem Tisch.

AUERHUHN In abwechslungsreichen Mischwäldern, mäßig steil, licht und reich an bodendeckenden Beerensträuchern, ist das Auerhuhn zu Hause. Für Balz, Brut und Aufzucht der Jungen sucht es jeweils ein spezielles Umfeld auf und liebt Staubflächen und Trinkstellen in der Nähe. Solche Lebensräume sind selten geworden. Deshalb zieht sich das Auerhuhn zunehmend in höhere Gebirgsregionen zurück.

BERGAHORN Sonnige Schuttflächen sind sein ideales Besiedelungsgebiet. Er übersteht schadlos Muren und Schotterablagerungen, die seinen Stamm metertief verschütten. An solchen rauen Plätzen kann der Bergahorn sich gegenüber schneller wachsenden Konkurrenten behaupten, die feuchte, erdreiche Standorte benötigen. Bisweilen pflanzten Almbauern den knorrigen Baum auch auf gerodete Almwiesen. Ein Beispiel sind die mächtigen Kronen des „Großen Ahornbodens" im Talabschluss der Eng im Karwendel.

ALPENSALAMANDER Diese etwa 15 Zentimeter kleinen, lackschwarzen Lurche leben in einer Höhe bis zu 2500 Metern. Häufig harren sie tagsüber im Totholz feuchter Wälder aus, bis die Nacht hereinbricht, aber sie verstecken sich auch unter Felsplatten oberhalb der Baumgrenze. Um im Gebirgsklima überleben zu können, sind die Tiere nicht mehr auf Laichgewässer angewiesen.

Diesen Ritterschlag hat bisher erst eine Region Tirols erhalten: der Nationalpark Hohe Tauern. 20 Jahre Überzeugungsarbeit waren dafür nötig, und bis heute sind manche Familien in der Gegend um Matrei in Befürworter und Gegner gespalten. Die Bedenken waren groß, denn in der Kernzone – immerhin 350 Quadratkilometer – sollte jede Nutzung unterbleiben. Doch schließlich gelang es, den Osttiroler Teil mit den Nationalparkflächen in Salzburg und Kärnten zu einem 1800 Quadratkilometer großen Schutzgebiet zu vereinen.

Wer sich zu Fuß vom Matreier Tauernhaus Richtung Großvenediger aufmacht, durchwandert in sechs Stunden ein lebendiges Lehrbuch zum Ringen des Menschen mit der Natur. Begleitet vom Tosen des Gschlössbachs schlängelt sich die Forststraße empor. Almhütten drängen sich in den wenigen Talnischen zusammen, die vor Lawinen und Steinschlag Schutz bieten. Baumlose Schuttkegel zu beiden Seiten der Straße erinnern daran, welche Mächte hier in den Wintermonaten herrschen. Am Talschluss, kurz hinter der Venedigerhütte, führt ein steiler Pfad zur Gletscherzunge des Schlatenkees hinauf. Mit jedem Meter, den der Weg nun an Höhe gewinnt, verlangsamt sich der Puls der Natur. In 2000 Metern Höhe vergehen Jahrtausende, bis eine Humusschicht über den felsigen Grund wächst. Hinter jeder Kuppe hält die Landschaft eine neue Lektion bereit. Wo die Latschen allmählich resignieren, glänzen Moortümpel in den Grasfluren. Unter metertiefem Torf ruhen die Reste prähistorischer Zirben, die hier vor 9000 Jahren standen.

Der Weg führt weiter über entblößten, in sanfte Wellen gelegten Gneis, den der Schlatenkees mit feinen Furchen signiert hat. Selbst die Zeit trägt die Handschrift des Gletschers: Schmelzwasser, das von seiner Zungenspitze tropft, fiel als Schnee vom Himmel, bevor Christoph Kolumbus Amerika entdeckte. Noch vor 150 Jahren streckte der Schlatenkees seine zerfurchte Zunge bis zum Talboden. Doch schneearme Winter und warme Sommer zwangen das Eis zum Rückzug. Zwölf Meter im Schnitt verloren die Alpen-Gletscher allein im Winter 2001/2002 an Länge.

An manchen Tagen wischt der riesige Schatten eines Bartgeiers über die zu Fels und Eis geronnene Zeit – auch er ein Zeuge für die Irrungen und Wirrungen des Menschen im Umgang mit der Natur. Die Aasfresser sind ein Faszinosum, perfekt an die karge Landschaft angepasst. Hauptnahrung sind die Knochen von abgestürztem Fallwild, die von Füchsen und Adlern verschmäht werden. Die aggressive Magensäure der Geier aber zerfrisst die Knochen und löst Eiweiß, Fett und Mineralien heraus. Größere Skelettteile tragen sie mit den Fängen bis in 70, 80 Meter Höhe und lassen sie dann auf Felsplatten, den so genannten Knochenschmieden, zerschellen.

Dass diese Greifvögel in den Alpen dennoch ausgerottet wurden, beruhte auf einem Missverständnis. „Lämmergeier" nannte man die imposanten Vögel in dem Glauben, sie würden junge Schafe schlagen – und bei Gelegenheit auch kleine Kinder. Unsinn, wie man heute weiß. 1913 wurde der letzte Bartgeier der Alpen im italienischen Aostatal erlegt. Jetzt gibt es wieder etwa 80. Weltweit haben sich 30 Zoos an einem aufwändigen Erhaltungszuchtprogramm beteiligt. 1985 wurden die ersten in Gefangenschaft geborenen Vögel bei Rauris im Salzburger Teil des Nationalparks Hohe Tauern ausgesetzt.

Die Rettung des Knochenfressers, die Begnadigung des Lechs, der Überlebenskampf des Karwendelgebirges – nirgendwo lässt sich der ewige Konflikt zwischen Mensch und Natur besser begreifen als am Scheitelpunkt des Gletscherwegs im Gschlösstal, wo der eiskalte Hauch des Schlatenkees über den glatt geschliffenen Gneis streicht. Wo tausend Jahre sind wie ein Tag. □

Dr. Hans Haltmeier, *Jahrgang 1959, Biologe und Wissenschaftsjournalist, ist gebürtiger Münchner und von Kindesbeinen an in den Tiroler Alpen unterwegs.*

ALPENROSE Wenn der Almrausch, wie die zwei in Mitteleuropa wachsenden Arten der Alpenrose auch genannt werden, am Wegrand blüht, dann liegt die Waldgrenze hinter einem und das Reich der Zwergsträucher beginnt. Durch ihren gedrungenen Wuchs, der sie im Winter unter der Schneedecke versteckt, und ledrig-derbe Blätter haben sich die Alpenrosen an die Kälte angepasst.

ALPENSTEINBOCK Sein Blut sollte gegen Blasensteine helfen, sein Kot gegen Schwindsucht – der Steinbock galt im Mittelalter als wandelnde Apotheke. Ende des 17. Jahrhunderts war der Kletterkünstler in den Alpen weitgehend ausgerottet. Heute gibt es wieder 30 000 Alpensteinböcke, die im Sommer auf der Suche nach Gräsern und Kräutern bis zu 3500 Meter hoch klettern.

FLECHTEN Diese widerstandsfähigen Lebensgemeinschaften aus Algen und Pilzen lassen die Felsen der Alpengipfel manchmal in bunten Farben leuchten. Weder Austrocknen noch extreme Kälte können ihnen etwas anhaben. Auf kalkarmem Gestein bilden die grüngelb und schwarz gemusterte Landkartenflechte oder die rot gesprenkelte Blutaugenflechte Krusten. Gänzlich anspruchslos sind aber auch sie nicht, manche Arten sind sogar höchst anfällig gegenüber Luftschadstoffen wie Schwefeldioxid.

Naturprodukt: Mit einem Obstler, gebrannt aus Birnen und Äpfeln, beschließt man in Tirol eine gute Mahlzeit

Wer Diät halten soll oder will, wird es schwer haben: Die Tiroler Küche ist deftig, gehaltvoll und äußerst lecker. Damit Palatschinken, Knödel & Co. aber nicht zu schwer im Magen liegen, hilft ein guter Obstler bei der Verdauung

Text: Kersten Wetenkamp

Genuss Gipfel

Sie haben Hunger in Tirol? Was hätten's denn gern? Geschmorte Lammhaxen auf Rahmpolenta oder „Gröstl" – gebratene Kartoffeln – mit fangfrischem Zander? Oder geschmorte Kalbsbacken, Hirschschnitzel mit Topfenspätzle, Grießknödel, Speckknödel, Semmelknödel? Vorweg müssen's aber auch eine Suppe probieren: Kürbissuppe, Kastaniensuppe, Pilzsuppe, zum Abschluss darf ein Dessert nicht fehlen: Nusskuchen, Palatschinken oder Marillenknödel? „Verhungern", würde der Tiroler sagen, „verhungern müssen's hier scho' net gerade."

Wahr gesprochen: Das Niveau der bodenständigen Gasthäuser zwischen Innsbruck und Kitzbühel, in Stadt und Dorf ist erfreulich hoch. Die Wirte auch in einfacheren Gaststuben kochen noch selbst und mit frischen Zutaten, Convenience ist Gott sei Dank kaum ein Thema. Man sitzt gemütlich in holzgetäfelten Stuben, manchmal in jahrhundertealten Gasthöfen, die von Generation zu Generation weitervererbt werden – der Gasthof „Linde" etwa in Stumm im Zillertal besteht seit 1506; Besucher können die wuchtige, fast 200-jährige Linde vor dem Haus bewundern.

Am Abend sitzt der Gast in solchen Wirtsstuben ganz heimelig vor flackerndem Kaminfeuer, zum Essen lässt er sich dann passenderweise österreichische Weine schmecken – Blauburgunder, Lagrein, Chardonnay oder Grüner Veltliner aus dem Burgenland, der Wachau oder auch Südtirol. Und unverzichtbar nach einem echten Tiroler Menü ist der Schnaps: ein herrlich intensives Obstdestillat – Marillen- oder Himbeerbrand zum Beispiel. Die Besten kommen vom Tiroler Star-Brenner Günter Rochelt.

Kaum zu glauben, dass das Schlemmerparadies Tirol früher ein kulinarisches Armenhaus war. Im Unterinntal, wenige Kilometer von Kitzbühel, erzählt Küchenchef Reinhard Brandner in seinem Gasthof „Tischlerwirt" die Geschichte der traditionellen Tiroler Kost, und diese Geschichte klingt ein bisschen traurig: „Die Bauern haben hier früher viel und hart gearbeitet", erzählt Brandner. „Fleisch gab's nur wenige Male im Jahr, Schweinebraten, gekochtes Rindfleisch oder Wild. Mein Vater – ein Holzfäller – hat mir erzählt, dass die Arbeiter tagein, tagaus Milchmuas gegessen haben."

Milchmuas ist eine Art Brei aus Milch mit Hafer-, Gersten- oder Weizenmehl, manchmal auch mit Mais-

Ein Tiroler Küchen-Klassiker: „Gröstl“ – gebratene Kartoffeln – mit Rindfleisch, Pilzen und Gemüse frisch aus der Pfanne

Foto: Peter Oberleitner

Reinhard Brandner, Küchenchef im „Tischlerwirt“ in Reith bei Kitzbühel, präsentiert seine Lieblingsknödel

Spinatknödel mit Almkäse in brauner Butter

500 g Knödelbrot (das altbackene Weißbrot vom Vortag in Würfel geschnitten)
150 ml Milch
100 g Zwiebeln fein geschnitten
1 fein geschnittene Knoblauchzehe
30 g Butter
150 g blanchierter gut ausgedrückter Spinat
1 Ei, 1 Eigelb
1 Esslöffel Milch
250 g harter Almkäse, davon die Hälfte in Würfel geschnitten, die andere Hälfte in Scheiben zum Überbacken
Salz, Pfeffer, Muskatnuss

Zubereitung:
Das Knödelbrot mit der warmen Milch einweichen. Zwiebel und Knoblauch in Butter andünsten und mit den Brotwürfeln vermengen. Den Spinat sehr fein hacken und mit dem Ei, Eigelb, Mehl und dem in Würfel geschnittenen Käse vermischen. Mit feuchten Händen kleine Knödel formen und in leicht gesalzenem Wasser ca. 10 Minuten köcheln lassen. Aus dem Wasser heben und mit dem in Scheiben geschnittenen oder geriebenen Käse belegen, dazu mit brauner Butter servieren.
(Rezept für 4 Personen)

grieß, in Butter gebraten und mit Butter übergossen. Eine schlichte, aber durch Butter und Salz ganz wohlschmeckende Speise. Bei den Sennern und Hirten galt lange Zeit der Grundsatz: Nur die Männer auf der Alm können ein gutes Muas kochen, und es gelingt nur am offenen Holzherd.

Die aus der Not geborenen Traditionen haben bis heute in Tirol ihre Spuren hinterlassen. „In unserer Tiroler Küche kommt fast alles aus der Pfanne“, erklärt Brandner. Der Klassiker schlechthin ist natürlich der Knödel, vielfach variiert mit Speck oder „Graukas“, festem, gepresstem Käse aus saurer, entrahmter Milch. Die Alternative zum Knödel sind Käsespätzle oder Polenta aus Mais, der in vielen Tiroler Tälern angebaut wird.

Abwechslung in die Speisepläne brachte die Kartoffel: Die traditionellen „Kartoffelpaunzen“ werden, ähnlich wie die italienischen Gnocchi, aus Kartoffeln mit Mehl, Eiern und Butter geformt und nach dem Kochen noch in der Pfanne braun gebraten. Und eines der aller-

„Verhungerr

wichtigsten Gerichte in den Gaststuben ist bis heute das „Gröstl“: Gekochte Kartoffeln, am besten vom Vortag, werden mit Speck, etwas gekochtem Fleisch von Rind oder Schwein und Spiegelei gebraten.

„Oft hat’s bei uns auch nur Suppen gebn“, erinnert sich Brandner – immerhin in den Variationen Gerstensuppe, Nudelsuppe, klare Suppe mit Speckknödeln, Weinsuppe, Rindersuppe mit Brotwürfeln und Käsesuppe mit geriebenem Alpenkäse. Dazu etwas Brot von den „Wecken“, großen runden Schwarzbrotlaiben, oder Roggenbrot – stets mit Kümmel übrigens, „zur besseren Verdauung“. Vitamine mussten natürlich auch auf den Tisch: in Form von Sauerkraut, weißen Rüben und roter Bete. Unerschrockene Bauern im nahen Wildschönau machen aus den Rüben sogar einen Schnaps, den „Krautinger“ – der, sagen wir, recht eigenwillig schmeckt.

Obwohl in den Seen und Bächen ringsum Saiblinge, Forellen, Zander und Waller (Wels) gefangen werden, spielt Fisch eher eine untergeordnete Rolle. Kalb, Rind und Innereien dominieren die Speisenkarten. Typische Gerichte sind: Kalbsleber mit gebratenem Speck, Kalbsbacken, Bries und Beuscherl (Lunge) vom Kalb oder geschmorte Lammhaxen und Lammkarees, seltener Schöpsernes, lang geschmortes Hammelfleisch mit Kartoffeln und Wurzelgemüse. Gelegentlich tischen die Wirte eine zarte Schulter und Brust vom Ochsen auf (unbedingt probieren!), in der Jagdsaison lassen sich die Köche nicht lange bitten und servieren saftige Hirsch- oder Rehrückenfilets aus eigener Jagd. Nahezu überall stehen selbstverständlich Kalbstafelspitz und Wiener Schnitzel auf der Karte.

Allgegenwärtig ist auch der „Topfen“, frischer Quark, der zum

Zillertaler Graukäse ist ein gepresster Käse aus saurer, entrahmter Milch

müssen's hier scho' net gerade."

Hauptgang oft die Spätzle und in den Nachspeisen den Palatschinken (Pfannkuchen) bereichert. Süße Krapfen werden, wie schon vor hundert Jahren, mit Honigsauce gebacken. Dazu runden Zwetschgen- und Marillenknödel, Törtchen und Kuchen mit Nuss oder Schokolade, Cremes mit frischem Obst der Saison und selbst gemachtes Eis die Menüs ab.

Wer gut isst, will sich zur Verdauung auch einen guten Schnaps gönnen. Und wer Schnaps sagt in Tirol, ist ganz schnell bei Günter Rochelt, denn der brennt den kurzen Klaren wie kein Zweiter. Im Dörfchen Fritzens, nahe der Autobahnabfahrt Wattens bei Innsbruck, stellt Rochelt seine Gäste auf eine harte Probe: In der schönen, blitzsauberen Probierstube der Destille werden sie von den Aromen vollreifer Marillen, Birnen, Äpfel und Quitten benebelt – Rochelt versprüht zu allem Überfluss auch noch Marillenschnaps aus dem Parfümzerstäuber! – und probieren dann die ganze Palette von Rochelts Edeldestillaten, ohne sich jemals entscheiden zu können: die verführerisch süße Himbeere – oder die elegante Weichselkirsche mit dem dezenten Marzipanton – oder die wunderbar weiche, duftstrotzende Quitte – oder der „Holler" (Holunder) mit dem zarten Kakaoton? Probieren geht eben über Studieren, und am Ende der Obstbrandverkostung will man gar nicht mehr aufstehen, sondern immer weiter probieren und sich, pardon, berauschen an diesen Aromen-Granaten, die zu den exklusivsten und besten Obstdestillaten der Welt zählen.

Der 63-jährige Rochelt – ein schlanker, fast hagerer Mann, der Besucher auf den ersten Blick ein wenig streng

Günter Rochelt bei der Kontrolle seiner Edelbrände. Drei bis acht Jahre lagert der Schnaps in Glasballons. Die Quitten sind nur eine von vielen Obstsorten, die hier destilliert werden

„Berauschen an diesen Aroma-Granaten."

mustert – hat als Twen angefangen, für befreundete Rentner im Inntal Obst von den Wiesen zu ernten. „Nur – für Apfelsaft war's einfach zu viel." Also stapfte Rochelt mit dem Obst zu seinem Onkel auf den Volderberg, um dort auf 1500 Metern Höhe das Brennen zu lernen. Qualität sollte dabei am wichtigsten sein.

„Ringsum fand ich schlechten Schnaps", erinnert sich Rochelt, „der Fremdenverkehr hat die guten Tiroler Brände verwässert. Überall wurde Zucker zugesetzt und mit Wasser verdünnt. Ich dacht' mir: Früher haben die Bauern doch auch besser gebrannt!"

Das Obst für Rochelts Destillate muss top sein. Der Tiroler, der eine Villa in Wattens bewohnt, kauft das Obst in den besten Lagen Österreichs – Marillen aus der Wachau, Holunder und Trauben aus dem Burgenland, Himbeeren aus der Steiermark und aus Tirol Schlehen, Pflaumen und „Kricherln", kleine Kirschen. Das Obst wird gemaischt – aber ohne Zusatz von Hefen. „Ich lasse natürlich gären, nur durch die Temperatur von konstanten 18 bis 20 Grad Celsius." Selbstverständlich setzt Rochelt auch keinen Zucker zu der Maische – das vollreife Obst hat einen natürlichen Zuckergehalt, der hoch genug zum Brennen ist.

Nach dem Destillieren in Kupfer-Brennkesseln lagert Rochelt die Brände, je nach Obstsorte, drei bis acht Jahre lang in Glasballons unter dem Dach. In den breiten, nur mit Leinentüchern verschlossenen Flaschen kann der Schnaps „atmen", und der Alkoholgehalt von 65 Prozent schrumpft auf ganz natürliche Weise auf bestens genießbare 55 Prozent. Rochelt verdünnt nur selten, meistens gibt er diesen Brand in natürlicher Fass-Stärke in die Flasche. Die übrigens unverwechselbar aussieht: grün mit diagonaler Schraffur und einer Vertiefung in der Mitte. „Das ist die alte Tiroler Zangenflasche", erklärt Rochelt, „so haben die Bauern schon vor 200 Jahren ihren Schnaps, gut vor Licht geschützt, aufbewahrt."

Perfektionist Rochelt lässt sogar noch die Flaschenstöpsel mit großem Aufwand herstellen: Sie werden aus Zinn vom Karlsruher Goldschmied Otto Jakob gegossen. Die Sorgfalt bei der Herstellung der Schnäpse – sogar die Holzkistchen für die Flaschen werden in Rochelts Betrieb selbst gezimmert – haben den gelernten Koch und Hotelfachmann bei Gourmets berühmt gemacht – und berüchtigt: Die kleinen 0,35-Liter-Flaschen kosten zwischen 58 Euro (Williamsbirne) und 163 Euro (Himbeere). Das ist in etwa doppelt so viel wie bei anderen Brennern. Genuss hat eben seinen Preis. □

Kersten Wetenkamp, *Jahrgang 1966, arbeitet als Redakteur beim* Feinschmecker *in Hamburg und liebt die Tiroler Küche, insbesondere „Gröstl".*

MERIAN | TIPP Schnaps & Essen

Brennerei Rochelt GmbH
6122 Fritzens/Tirol, Innstraße 2
Tel. (052 24) 524 62
www.rochelt.com
Bezugsquellen für Rochelt-Brände:
Bayerl OHG, Milchberg 15, 86150 Augsburg, Tel. (08 21) 34 65 50
Bottles Feine Weine & Destillate
81829 München, Stahlgruberring 20
Tel. (089) 95 76 05 79
Wein Fuchs VertriebsGmbH & Co KG
25980 Sylt-Ost, Mittelweg 15
Tel. (046 51) 938 00

Tischlerwirt
6370 Reith bei Kitzbühel
Tel. (053 56) 654 16
Landgasthof Linde
6272 Stumm im Zillertal
Tel. (052 83) 22 77
Wilder Mann
6072 Lans
Tel. (05 12) 37 96 96
Metzgerwirt
6271 Uderns (Zillertal)
Finsing 16
Tel. (052 88) 625 59

>> weitere Gastro-Tipps im Info-Teil auf Seite 128

Der Filzer

Seit 50 Jahren herrscht in Brixlegg der Filz. Oder besser der Walk. Im **Familienbetrieb Giesswein** wird gewalkt, was das Zeug hält. Waren es anfangs nur Trachten, trachtet das Unternehmen heute nach dem Ruf des modischen Trendsetters. Richtiges Walken will gelernt sein, um gestrickte **Wolle in festen Filz** zu verwandeln. Alle Stoffe bestehen aus natürlichem Garn, von Alpaca über Kaschmir bis Shetland. Pro Saison kommen da 670 Tonnen Pelz zusammen, und jedes Gramm geht durch die Hände von **Dieter Rogler**. Der Leiter der Ausrüstungsabteilung gilt als Guru des Veredelns. In den bis zu 4000 Liter Wasser fassenden Kesseln und Trommeln machen er und seine Mitarbeiter genau das, was man zu Hause nicht tun soll: den Mohairpulli der Liebsten heiß waschen und dann schleudertraumatisieren, bis das Gestrick vollkommen verdichtet. Bei Rogler heißt das allerdings Rauen und Scheren und Pressen – das Dekantieren, Laminieren oder Kaschieren kommt bei Bedarf hinzu, bis das Material die gewünschte Güte hat. Der Alpenchic hat Konjunktur. Die Marke gibt es in 40 Ländern, die Exportrate liegt bei 76 Prozent, und Rogler fällt immer wieder etwas ein, den Filz neu zu erfinden.

Die Garantin

Die Chemie muss stimmen bei **Dr. Elisabeth Schneider-Scherzer** in Kundl. Als Chefin der Qualitätskontrolle von **Sandoz** prüft sie mit ihren 200 Mitarbeitern 4000 Produkte. Reinheit ist dabei oberstes Gebot, wenn – wie auf dem Foto – sterile Antibiotika in Kannen abgefüllt werden. Dennoch wimmelt es bei dem Pharmaunternehmen nur so von Schimmelpilzen. Die sind wichtig fürs Kerngeschäft der **„Biochemie".** So hieß der Betrieb, als er vor 50 Jahren von dem französischen Besatzungsoffizier Michel Rimbaud und der Österreichischen Brau AG in den leeren Brauerei-Hallen von Kundl gegründet wurde. Rimbaud, auch Chemiker, hatte die Idee, die im Nachkriegs-Österreich dringend benötigte Wunderarznei **Penicillin** gleich an Ort und Stelle zu produzieren. Die Basis des Bakterienkillers ist der Schimmelpilz. Es waren zwei pfiffige Forscher, die die Entdeckung ihres Lebens machten und damit die beschauliche Biochemie in einen Global Player verwandeln sollten. Den Doktoren Brandl und Margreiter gelang es wirklich über Nacht, weil sie die Reagenzgläser einfach stehen ließen, am nächsten Morgen ein Penicillin zu gewinnen, das erstmals tablettentauglich war. Noch heute zählt die Biochemie, nun Sandoz, zum weltweit größten Poduzenten der Pillen, die in 120 Länder exportiert werden. Damit das so bleibt, verfolgen Doc Schneider-Scherzer und ihr Team eine Null-Toleranz-Strategie gegenüber fehlerhaften Produkten.

Nicht jeder wird Ski-Lehrer

Fremdenverkehr und Landwirtschaft bringen das Geld. Aber nicht nur sie. Ein Slalom durch die Tiroler Wirtschaft – vom Handwerksbetrieb bis zum Chemiekonzern. Porträts von Stefan Becker (Text) und Jörg Klaus (Fotos)

Die Patschenmacher

Die Leisten bleiben bei ihrem Schuster: In Reihund Glied lagern sie in einem wandhohen Setzkasten, von Größe 19 bis 48, kantig für den Herrn, spitz für die Dame, rund fürs Kind. Neben den glatten Holzformen stapeln sich im Regal ein paar alte Schachteln mit Nieten und Nägeln, kurz und lang, mit großen und kleinen Absätzen. Auf der anderen Seite, im Schatten der dunklen hölzernen Wände, ruhen zwei wuchtige, schwarze Nähmaschinen, Baujahr 1937, müde, aber tüchtig. In dieser dornröschenhaften Werkstatt sitzen sich **Agnes und August Gschösser** täglich gegenüber. Sie verbindet das Glück einer über 60 Jahre gewachsenen Liebe, die Freude über die kleinen Dinge der Arbeit, das Wissen, im schönsten Dorf Tirols, Österreichs, Europas, vielleicht der ganzen Welt zu wohnen: in Inneralpbach. Einzig die Werkbank trennt sie, auf der die Zangen und Scheren liegen und der selbst gedrehte Pechdraht stramm gewickelt auf der Spule sitzt und die spitzen Nadeln in der Seife stecken. Da hockt das Paar auf Schuster-Schemeln, schneidet, näht und leimt die echten Tiroler Patschen, während daneben der Sackspäneofen einheizt. Eigentlich heißen die Patschen auf Tirolerisch ja „Dodeln", sagt Frau Gschösser, so wie der „Dodl" halt der Clown ist, der Träumer, das ewige Kind im Manne, nicht aber zu verwechseln mit dem Depp. Doch auf Österreichisch sagt man Patschen zu den wollenen Pantoffeln. Und die aus dem Hause Gschösser haben lebenslange Garantie. Sie gehen nie aus dem Leim, dafür bürgt eine 230-jährige Schuster-Tradition.

Die Pantoffeln für ein ganzes Leben & die glitzernde Welt der Kristalle

Der Glaser

Edel sei der Kristall, vor allem aber genial geschliffen, denn dann lässt er sich auch gut verkaufen. Das mag sich Daniel Swarovski gedacht haben, als er mit seiner Familie 1895 der gläsernen Welt Böhmens den Rücken kehrte und weit weg in Wattens eine neue Werkstatt aufbaute und hinter verschlossenen Türen seiner Kunst nachging. Dieses geschliffene Geheimnis besteht noch heute, da der Name **Swarovski** längst für ein milliardenschweres Imperium steht und im Licht des weltweiten Erfolges in allen Spektralfarben funkelt: mal als Kitsch-Kombinat für Edel-Nippes, mal als Traumfabrik für luxuriösen Designer-Schmuck, Uhren und Brillen, mal als Crystal Valley für Lampen und Lüster, mal als Kultur-Konzern mit dem größten Kristall der Welt. Leider verbuddelt im Boden, weil die österreichische Flugsicherung die Strahlkraft fürchtet. Und in dieser galaktischen Glaserei lebt und arbeitet ein betriebseigenes Urgestein: **Andreas Altmayer.** Geradezu gewollt ungeschliffen, damit seine Ideen vor nichts Halt machen. So kristallisierte der Leiter des so genannten Circle of Innovation schon Konzertflügel, einen Porsche für den Genfer Autosalon und sogar die private Moschee eines arabischen Prinzen. Momentan tüftelt Altmayer weiter an seinem glasfaser-kalten Licht, das zum Beispiel Bilder oder Büsten in Museen ganz schadlos illuminiert.

Ein Wellness-Bett auf Tennisbällen & Glockenformen aus Pferdemist

Der Bettenbauer

Walter Hanzmann hobelt gern, und je weiter die Späne dabei fliegen, desto mehr ist der Tischlermeister in Mayrhofen in seinem Element: „Was heute unter dem Etikett Zillertaler Bauernmöbel bei euch in den Geschäften steht, ist bestenfalls Edelbrennholz", sagt er und weiß, wovon er spricht. Denn als Geselle legte er manchmal noch selbst Hand an, maßschreinerte Betten, Kommoden oder Truhen aus massiver Zirbe oder Fichte. So wie sein Vater zuvor und davor der Großvater. „Die Möbel bildeten bei uns von jeher die klassische Mitgift für die junge Bäuerin. Nichts Aufregendes – bis die deutschen Urlauber den Plunder entdeckten und als Mitbringsel mit nach Hause schleppten." Für ein paar Jahre profitierten die Tiroler Tischler von diesem Nostalgie-Boom, doch dann übernahmen Fabriken im Osten Europas das Etikett und fertigten billige Spanplatte in Serie. „Der Lederhosen-Stil ist aber generell out", sagt Hanzmann, „die Menschen wollen heute helle Räume, karg eingerichtet, aber hochwertig und nicht mehr dunkel und überladen." Die Bedürfnisse der Kunden forderten Funktionalität, die Kalkulation der Tischler zwang zu Rationalisierungen und der Markt zu neuen Ideen. Hanzmanns handwerkliche und massivhölzerne Antwort auf die Frage nach dem Produkt der Zukunft heißt erstens Bio, zweitens Wellness, drittens Bett und macht zusammen sein **patentiertes Bio-Wellness-Bett.** Die Schlafstätte ist luftgefedert, weil das Lattenrost auf Tennisbällen lagert, deren Fassungen wiederum auf vier dicken Walzen in den Füßen ruhen. Die Konstruktion verspricht: schnellen Schlaf, tiefen Schlaf, ruhigen Schlaf. Für diese Eigenschaften haftet Hanzmann mit seinem Partner, dem Sportmediziner und Orthopäden Dr. Stefan Trobos. Zum Leben reiche der Verkauf von Betten allein zwar noch nicht, sagt Walter Hanzmann, doch sei sein Bett heute das, was früher die vom Vater geleimten Rennlatten waren, als Toni Sailer und Karl Schranz noch auf echter Esche siegten – Handwerk mit Vision.

Heute muss die Glocke werden: Anto Bastijanovic leitet die geschmolzene Kupfer-Zinn-Mischung in die Gussform

Der Glockengießer

Wer denkt schon beim schönen Klang einer Glocke an Kälberhaare, Pferdemist, Bierhefe und Regenwasser? Doch dieses alles wird gebraucht. Die Komposition der Zutaten für den Lehm einer Glockengussform sei maßgeblich für die 50 in Bronze gegossenen Glockentöne, sagt das Rezeptbuch der **Familie Grassmayr** aus Innsbruck. Entwickelt im Jahr 1599, stetig fortgeschrieben bis in die momentan amtierende 14. Generation, früher mit handschriftlichen Berechnungen angereichert, heute durch Computersimulationen gestützt, ist die genaue Lehm-Formel nur den engsten Mitarbeitern der Familie bekannt. Lediglich die militärischen Kapitel der Grassmayr-Bücher werden nicht weiter geschrieben, erzählen sie doch nur von altem Eisen aus einer Zeit, als die Glockengießer gleichzeitig Kanonenbauer waren. Obwohl der Krieg diese Handwerksgilde besser nährte als der Frieden, ist Grassmayr heute natürlich ein friedliches Unternehmen, dessen Glocken konfessionsübergreifend auf allen Kontinenten läuten – für Katholiken genauso wie für Protestanten, Orthodoxe und Buddhisten. So war es auch selbstverständlich, dass der aus Bosnien geflohene Glockengießer **Anto Bastijanovic** sofort einen Job bekam und schnell eine neue Heimat. Ebenso war es gar keine Frage, dass Bastijanovic mit an dem großen Glockenspiel für Mostar goss, dessen symbolträchtiges und 16 Tonnen schweres Geläut klingen soll für die Versöhnung der Völker.

Der Metaller

Ein metallurgischer Gemischtwarenladen der modernen Art hat seinen Hauptsitz in Reutte: die **Plansee Gruppe.** Mithilfe thermischer Prozesse stellt sie aus Rohstoffen wie Molybdän-, Wolfram- oder Eisenpulver Produkte aus hochschmelzenden Metallen, Hartmetallen und Sinterstählen her. Dazu zählen auch Röntgendrehanoden, die selbst die gebündelte Kraft eines hitzigen Elektronenstrahls von 2500° C ziemlich kalt lässt. Darum sind diese Produkte aus Reutte heiß begehrt bei den Herstellern von Computertomographen. **Anton Michalik** gehört zu den ausgesuchten Feinmotorikern, die diese hochsensiblen Bauteile prüfen. Sein Rüstzeug sind zwei scharfe Augen, denen auf der hochtemperaturbeständigen Brennbahn aus Wolfram-Renium kein Kratzer entgehen darf, und eine 3-D-Präzisionsmessmaschine, die die Bauteildimensionen prüft. In fast jeder Hightech-Sparte mischt Plansee mit und veredelt produktspezifisch hochreine Metallpulver. Und was die Metalle in der **Hitze-Hölle** von Reutte nicht verflüssigt, das macht sie nur noch härter, dichter, fester und resistent gegen alle irdischen Temperaturen sowie extreme mechanische Belastungen. Auch überirdisch ist Plansee bereits vertreten: Satellitenteile sind „Made in Tirol", zurzeit planen die Planseer an der Außenhaut für die neueste Raumgleiter-Generation. Abgehoben, aber bodenständig und Tirol verbunden installierte Plansee daheim in Reutte ein großes und modernes Walzwerk. □

14 800 Gästebetten, mehr als zwei Millionen Übernachtungen im Jahr, 150 Pistenkilometer. Der 3300-Seelen-Ort hat sich mit Berg und Tal dem Ski-Tourismus verschrieben. Mit allen Begleiterscheinungen

Text: Johannes Schweikle, Fotos: Jan Greune

SÖLDEN
MONOPOLY IM ÖTZTAL

Abfahrt Richtung Hochsölden (2090 Meter). Hier begann im Jahre 1948 die Erschließung des Söldener Skigebiets

Christian Schmid sägt Schnee. Der Lärm seiner Kettensäge jault über den Gletscher, als er Konturen in einen vier Meter hohen Schneeblock schneidet. Mit schwarzer Farbe hat Schmid Umrisse ins gefrorene Weiß gesprüht, genau nach der Vorlage auf Papier. Er trägt eine Snowboarder-Mütze mit knallroten Wuschelfransen und steht auf einer Leiter am Rettenbachgletscher von Sölden. Neben ihm trainiert die österreichische Nationalmannschaft Riesenslalom, an jedem Tor stiebt Schnee in den strahlend blauen Himmel.

Der Säger Schmid hat als Holzschnitzer im Ötztal angefangen, doch dann merkte er, dass Skulpturen aus Schnee und Eis bedeutend mehr einbringen. Seither tingelt er durch die Alpen zu den Großveranstaltungen des Wintersports, sägt je nach Wunsch der Sponsoren einen Hermann Maier aus Eis, oder eben jetzt das Signet einer österreichischen Versicherung. In acht Tagen muss er fertig sein: Wenn in Sölden das erste Weltcup-Rennen des Winters ausgetragen wird, muss das Logo des Sponsors dreidimensional am Pistenrand stehen, gesägter Schnee mit blauer Lebensmittelfarbe.

Traditionell wird die Saison der Skirennläufer in Sölden eröffnet. Ende Oktober, wenn im Ötztal die grünen Bergwiesen in malerischem Kontrast zu den herbstgelben Lärchen stehen, gehen die Fernsehbilder vom ersten Riesenslalom auf dem Gletscher um die Welt. „Das ist ein Signal", sagt Jakob Falkner: „Sölden hat Schnee." Falkner ist Geschäftsführer der Bergbahnen und kennt die Mechanismen des Tourismusgeschäfts: Wenn die Bilder vom Rennen stahlblauen Himmel und verschneite Gipfel zeigen, dann ist die Lust auf den neuen Winter geweckt. „Dann laufen bei uns in der Woche drauf die Telefone heiß und die Gäste buchen ihren Skiurlaub."

ES WÄRE SCHLIMM, WENN ES HIESSE: »IN SÖLDEN WAR NIX LOS.«

Sölden hat 3300 Einwohner und 14 800 Gästebetten. Im Jahr 2002 brachte es der Ort auf mehr als zwei Millionen Übernachtungen. Nur eine einzige Gemeinde in Österreich kann noch mehr Nächtigungen vorweisen: die Hauptstadt Wien. Wenn Falkner die Vorzüge von Sölden preist, nimmt er gern das Wort „Schneekompetenz" in den Mund. Die beiden Gletscher nennt er „unsere Versicherung". 150 Kilometer Piste werden täglich präpariert. Die modernen Liftanlagen sind schnell und komfortabel, im Sommer 2003 hat Sölden noch einmal elf Millionen Euro investiert. Alle Berge sind durch Pisten miteinander verbunden, nirgendwo muss ein Tal mit dem Skibus überbrückt werden. Und selbstredend werden die Talabfahrten künstlich beschneit. Das ganze nennt sich „Ötztal-Arena", und alle paar Jahre wird die Marketingmaschine mit einem neuen Slogan geschmiert. Der jüngste heißt „Big 3": Als einziges Skigebiet in Österreich bietet Sölden drei Dreitausender.

Der jüngst erschlossene, die Schwarze Schneid, ist 3370 Meter hoch. An Tagen mit guter Fernsicht entrückt das Panorama von dieser Welt: Du stehst mitten in einem Meer von Gipfeln. Eine Bergkette staffelt sich hinter die nächste, in blauem Licht leuchten die Dolomiten: Der Langkofel wirft einen Schatten, daneben ragen die Geißlerspitzen in den Horizont, der Monte Pelmo bildet den Abschluss. Von hier führt eine Abfahrt über 1900 Höhenmeter hinunter nach Sölden: Erst über den Gletscher, dann durch ein karges Hochtal oberhalb der Baumgrenze, schließlich durch den Bannwald bis hinein in den Ort. Die meisten legen einen Stopp an der „Hühnersteign" ein, einer 300 Jahre alten Almhütte, die zu einer der beliebtesten Abfüllstationen im Skigebiet wurde. Im Umkreis von 100 Metern übertönt der „Anton aus Tirol" den Wildbach, und auch vor dem knallroten Gummiboot schreckt der DJ nicht zurück. Zwei Männer tanzen auf den Tischen, einer hat seine feuchte Skisocke ausgezogen und lässt sie über den Köpfen kreisen.

„Sölden steht für Sportlichkeit und Unterhaltung", sagt Jakob Falkner. Wenn am späten Nachmittag alle

Sölden-Slalom, von der Ski- auf die Party-Piste: ***Abfahren …***

… einkehren, etwa in der Almhütte „Hühnersteign"…

… auftanken, im Skistadion beim Snowboard-Weltcup …

… anstoßen in der „Schirmbar" am Rettenbach …

… abtanzen in der Disco „Lawine"…

… absteigen im Strip-Lokal „Rodelhütte"

Schwünge der Talabfahrt gezogen sind, will der Ort seinen Gästen einen zweiten Durchgang bieten. Jeden Mittwoch geben die Skilehrer eine „Night Ski Show“, jeden Freitag steigt eine Party auf dem Giggijoch. Für schwule Wintersportler gibt es eine „Gay Party Week“, und im Frühjahr wird der Gletscher zur Freilichtbühne: 500 Darsteller inszenieren Hannibals Überquerung der Alpen, Pistenbullys stellen die Kriegselefanten dar.

Und im Ort gibt's jeden Abend Party. Gegenüber dem „Gästehaus Anneliese“ wirbt eine Meerjungfrau mit blankem Plastikbusen für die Striptease-Tänzerinnen der „Rodelhütte“. Ein paar Häuser die Hauptstraße hinunter lockt das „Enjoy“ mit „Saufen bis zum Abwinken“ für 9,99 Euro. Der Laden ist mit ägyptischen Säulen und Pharaonen-Sarkophagen dekoriert: Warum gerade Cheops zur Dekoration der Cola-Whisky herhalten muss? Antwort des Chefs: „Wir haben noch eine Bar in Vorarlberg, die ist genauso.“ Aha. Über „Marco's“ kreist ein gelbes Blinklicht, und die Schirmbar vor dem Hotel „Liebe Sonne“ liegt strategisch günstig gleich neben der Talstation. Fünf Kellner schenken aus, drei räumen leere Gläser ab, im Hintergrund passt ein Rausschmeißer auf. DJ Hajo legt auf, gegen 20 Uhr stehen immer noch Kampftrinker in Skistiefeln unter dem Schirm. „In der freien Natur trinkt sich's anders“, versucht die Inhaberin, den Erfolg der „Schirmbar“ zu erklären, die eingezwängt ist zwischen Hauptstraße, Hotel und Sportgeschäft. Im Skiständer wächst tatsächlich eine Birke.

„Es ist kein Spaß, im Winter durch Sölden zu fahren“, grollt Alois Pirpamer, „jeden Meter kann dir ein Besoffener in die Windschutzscheibe fliegen“. Der Bergführer Pirpamer (siehe auch Porträt Seite 130) muss zwangsläufig durch Sölden: Er lebt in Vent, einem 150-Einwohner-Dorf am oberen Ende des Ötztals, 18 Kilometer hinter Sölden. Hier begann schon um 1860 der Tiroler Bergtourismus, wie Pirpamer stolz erzählt: Der Pfarrer Franz Senn ließ Wanderwege bauen und beherbergte Gäste im Pfarrhaus von Vent, weil er im Fremdenverkehr die Chance sah, das harte Leben der Bergbauern leichter zu machen. Senn war maßgeblich an der Gründung des Deutschen Alpenvereins beteiligt, und rings um Vent bauten die Sektionen ihre ersten Hütten.

„Im Sommer sind die Bonzen von Sölden neidisch auf uns“, sagt Pirpamer, da ist Vent ein beliebter Urlaubsort für Wanderer. Der Kirchturm trägt einen Zwiebelturm, der Bergbach rauscht, und das enge Tal erfüllt die Sehnsucht der Romantiker. Im Winter hat Vent ganze vier Lifte zu bieten. Das höchste der Gefühle ist eine langsame Sesselbahn, aus der die Skifahrer bei garstigem Wetter steif gefroren aussteigen. „Die würden wir gern durch eine moderne Kabinenbahn ersetzen, aber wir dürfen nicht“, grantelt Pirpamer. Naturschutzkonventionen untersagen in Vent den Bau neuer Anlagen, und Pirpamer hat das bittere Gefühl, dass sein Dorf als ökologisches Feigenblatt für den Massentourismus von Sölden herhal-

IMMER HÖHER, IMMER WEITER, IMMER MEHR

Es war einmal im Jahre 1948, da hätte eine Skigebietskarte von Sölden gerade einmal einen einzigen dünnen schwarzen Strich zwischen Sölden und Hochsölden aufzuweisen gehabt – den ersten Sessellift der Region. Heutzutage gibt es kaum einen Hang, der nicht erschlossen ist. Neuester Coup: die Einseil-Umlaufbahn auf die Schwarze Schneid in über 3000 Meter Höhe

Strategisch günstig: Direkt an der Talstation liegt die „Schirmbar", erste Station für's Après Ski

ten muss. Er sieht die Zukunft seines Dorfs gefährdet: „Vent muss Vent bleiben, aber man darf uns nicht den Hals abdrehen."

1948 gab es in Sölden auch nur einen Skilift. Der Viehhändler Hans Falkner, Vater von Jakob Falkner, suchte ein Abschreibungsobjekt. Er kaufte die Anlage, tat sich mit zwei anderen Familien am Ort zusammen und investierte in die nächste Bahn. Seither trägt die Entwicklung von Sölden die Züge eines Monopoly-Spiels im Alpinformat: Biete Gaislachkogl, zahle Doppelseil-Umlaufbahn. Baue Ereignisfeld am Gletscher, Tribüne mit 1500 Sitzplätzen vorhanden. Falkner betreibt die Bergbahn, Gurschler baut Hotels, Riml rundet seine Häuser mit dem „Sport-Riml" und dem „Bierhimml" ab. Die beiden Gletscher werden mit einem Skitunnel verbunden, aus Werbegründen für die deutsche Kundschaft wird er nach Rosi Mittermaier benannt. Wie kommt das bei den österreichischen Champions an? „Die haben wir nicht gefragt", gibt Falkner Senior trocken zurück.

„Ich hab Freude und Spaß am Verändern", sagt sein Sohn, „wir wollen das Sowohl-als-auch: Qualität und Masse." Ihm imponiert das Skigebiet Whistler Blackcomb in Kanada, eine Anlage vom Reißbrett, die aus dem Nichts zu den größten Ressorts der Welt gewachsen ist. Die Seilbahngesellschaft Sölden hat sechs Bergrestaurants in amerikanischem Format gebaut, das größte bietet 900 Sitzplätze auf 2684 Meter Meereshöhe. Und im Herbst ist der große Kühllastzug unterwegs: In Hamburg, im belgischen Seebad Knokke und in Warschau demonstriert Sölden „Schneekompetenz", Flachländer können auf Leihskiern ein Hügelchen aus Ötztaler Schnee hinunterrutschen.

Der Snowboardclub von Kelchsau in Tirol ist heute nach Sölden gekommen. Der Gletscher leuchtet in rätselhaftem Blau, der Neuschnee ist pulvrig leicht, aber die Clique macht keinen Gebrauch davon. Sie sitzt an der „Schirmbar" am Rettenbachgletscher. „Mir ist die Bindung gebrochen", sagt einer grinsend. Hundert Meter weiter fahren die besten Snowboarder der Welt einen Parallelslalom, aber das Interesse der Kelchsauer gilt ihrem Kumpel mit dem Kampfnamen Bacardi-Jimmy: Schafft er eine Palette mit 24 Flaschen Wodka-Lemon? Zwanzig hat er schon intus, jetzt stößt er einen Schrei aus und wirft eine brennende Zigarette in die Menge. Das T-Shirt hat er ausgezogen, das Publikum bekritzelt seinen Bauch mit schwarzem Filzstift. Sollte Jimmy in der nächsten halben Stunde die Palette noch abräumen, bekommt er eine zweite spendiert.

Jakob Falkner, der Bergbahnchef, reagiert allergisch auf das Stichwort „Ballermann". Aber andererseits, sagt er: „Es wäre schlimm, wenn die Gäste heimfahren und sagen: In Sölden war nix los." □

Johannes Schweikle, *Jahrgang 1960, liebt die Berge, weil sie dem Leben Perspektive geben.*

Das große MERIAN-Gewinnspiel
Unter allen Einsendern verlost MERIAN **100 tolle Gewinne.**

Die Lust am Reisen
MERIAN
PREMIUM SHOP

Angebote für Leser

In unserem Premium Shop bieten wir allen Lesern exklusive Highlights: Seltene MERIAN-Ausgaben aus unserem Archiv und einzigartige MERIAN-Sammlerstücke. Zusätzlich erhalten Sie ab einem Bestellwert von 25,00 Euro das „Best of MERIAN" gratis dazu! Für Ihre Bestellungen verwenden Sie den Coupon auf Seite 99.

MERIAN **FAMILY**

WEGWEISEND
MERIAN pcscout

Planen Sie Ihre Reise am PC. Mit über 50.000 Empfehlungen von MERIAN finden Sie in Deutschland, Österreich, der Schweiz, Norditalien und dem Elsass immer das richtige Reiseziel. Inklusive aktuellen Stadtplänen, Routenplaner, 750 Golfplätzen und ADAC Verkehrsinfos. Preis: 25,95 Euro.
Kennwort: PCSCOUT

SPORTLICH
MERIAN-**UHR**

Mit dieser Uhr sind Sie immer am Puls der Zeit: Gehäuse aus gebürstetem Metall, strapazierfähiges Armband in sportlicher Optik. Mit Sekundenzeiger und klassischem blauen Zifferblatt (Durchmesser 3 cm). Die Uhr ist extra in einer praktischen Metallbox verpackt. Preis: 30,00 Euro
Kennwort: MERIAN-Uhr

JUBILÄUMSHEFT
Best of MERIAN

Ein Sammlerstück, das man nicht kaufen kann! Erleben Sie faszinierende Rückblicke in die Geschichte von MERIAN! Opulente Bildstrecken, faszinierende Reisereportagen, kluge und witzige Essays, einfühlsame Stadtporträts und engagierte Sozialfotografie. Blicken Sie hinter die Kulissen: Lesen Sie wie das MERIAN-Magazin entsteht, oder wie sich MERIAN anhand von 654 Titeln im Wandel der Zeit zu Deutschlands großem Reisemagazin entwickelte. Zusätzlich beigelegt ist jedem „Best of MERIAN" eine detallierte Deutschlandkarte im Posterformat von 52 x 73,5 cm.
Ab einem Bestellwert von 25,00 Euro erhalten Sie das „Heft der Hefte" kostenlos dazu. Für Ihre Bestellung verwenden Sie bitte die Postkarte auf Seite 99.

Interessante Einblicke für jeden MERIAN-Liebhaber: **die Titelparade der letzten 50 Jahre. Dazu ein Blick hinter die Kulissen: wie MERIAN entsteht und wie sich MERIAN verändert hat.**

MERIAN-ABONNEMENT

Lust auf ein **Abonnement**

Wenn sie MERIAN abonnieren möchten, erhalten Sie 12 Ausgaben im Jahr für 76,40 Euro statt 90,00 Euro bei Einzelkauf. Nutzen Sie den Preisvorteil von 15 % und sichern Sie sich Ihr Dankeschön: einen der drei MERIAN *live* Reiseführer. Mit Quickfinder in den Klappen, den Attraktionen jeder Reise auf einen Blick und gewohnt exzellenter MERIAN-Kartografie. Für Ihre Bestellung eines MERIAN-Abonnements verwenden Sie bitte die Postkarten auf Seite 99.

Unser Dankeschön für Ihr Interesse:
Wahlweise die besten Reiseziele Deutschlands, Italiens oder Spaniens. Kompakte Reise-Tipps auf über 550 Seiten

MERIAN-**RARITÄTEN**

Weitere MERIAN-**RARITÄTEN** erhalten Sie auf Anfrage unter Telefon **0 40/87 97 35 40**

Lust auf MERIAN-Geschichte

Für Sammler und Geschichtsliebhaber haben wir unser Archiv geöffnet und offerieren Ihnen hier seltene Kulturschätze aus über 50 Jahren MERIAN. Die Archivexemplare bieten wir nur noch in sehr begrenzter Stückzahl und so lange der Vorrat reicht.

MERIAN STOCKHOLM
1958 **88,00 EUR**

MERIAN LISSABON
1959 **95,00 EUR**

MERIAN KÖLN
1960 **73,00 EUR**

MERIAN FREIBURG
1963 **66,00 EUR**

MERIAN HANNOVER
1963 **65,00 EUR**

MERIAN MADRID
1963 **65,00 EUR**

MERIAN GARMISCH-PARTENKIRCHEN
1964 **60,00 EUR**

MERIAN LENINGRAD
1971 **55,00 EUR**

HISTORISCHE SAMMELSCHUBER **MERIAN**-Archiv!

Archivieren Sie Ihre MERIAN-Sammlung stilvoll und sicher in den exklusiven MERIAN-Sammelschubern aus Leder oder Leinen! Jeder Schuber bietet Platz für ca. 12 MERIAN-Ausgaben. Preise: Ausführung Leinen 10,00 Euro, Leder 22,00 Euro. **Kennwort: Schuber Leinen / Schuber Leder**

PROGRAMM

AUSWÄHLEN UND BESTELLEN

Lieferbare MERIAN-Titel*

- Ägypten
- Amsterdam
- Andalusien
- Australien
- Autostadt in Wolfsburg
- Baden-Württemberg
- Bali
- Baltikum
- Barcelona
- Berlin
- Brasilien
- Bretagne
- Budapest
- Burgund
- Burma-Myanmar
- Chicago
- Chile – Patagonien
- China: Shanghai und der Süden
- Chinas Norden
- Cote d'Azur
- Das neue Ruhrgebiet
- Dominikanische Republik
- Dresden
- Elsass
- Emilia Romagna
- Florenz
- Florida
- Frankfurt
- Gardasee
- Hamburg
- Indiens Norden
- Indiens Süden
- Irland
- Island
- Istanbul
- Japan
- Jemen–Oman–VAE
- Jerusalem
- Kalifornien
- Kanadas Osten
- Kanalinseln
- Kanarische Inseln
- Köln
- Krakau
- Kreta
- Kroatien
- Kuba
- Ligurien
- Loire
- London
- Madrid
- Mallorca
- Marokko
- Mauritius
- Mecklenburg-Vorpommern
- Mexiko
- Moskau
- MS Europa
- München
- Namibia
- Neapel / Amalfi-Küste
- Neuseeland
- New York
- Norwegen
- Oberbayern
- Paris
- Piemont–Turin
- Portugal
- Prag
- Provence
- Rom
- Sardinien
- Schottland
- Schweden
- Schweiz
- Shanghai
- Sizilien
- Spaniens Norden
- Steiermark
- Südafrika
- Südengland
- Südtirol
- Sylt
- Syrien–Libanon
- Tessin
- Thailand
- Tirol
- Toskana
- Tunesien
- Umbrien
- USA: Die Südstaaten
- USA: Neuengland
- Venedig
- Verona und Gardasee
- Vietnam–Laos–Kambodscha
- Weimar
- Wien

Die Lust am Reisen

MERIAN

PREMIUM SHOP

Viele der Ausgaben von MERIAN sind in begrenzter Stückzahl noch verfügbar! Die lieferbaren MERIAN-Titel (siehe Programm-Auflistung, links) kosten 7,50 Euro inkl. Porto und Versand (innerhalb Deutschlands). Bestellen Sie mit der gegenüberliegenden Postkarte oder im Internet unter www.merian.de. Außerdem erhalten Sie das lieferbare Programm von MERIAN in jeder gut sortierten Buchhandlung und solange der Vorrat reicht.

SAMMELSCHUBER

MERIAN-Archiv!

Archivieren Sie Ihre MERIAN-Ausgaben in dem modernen MERIAN-Sammelschuber aus Acryl! Jeder Schuber bietet Platz für ca. 12 MERIAN-Magazine. Preis: 16,00 Euro. **Kennwort: Schuber Acryl**

* Das lieferbare Programm umfasst alle jüngst erschienenen Ausgaben von MERIAN. Raritäten auf Anfrage: Telefon 040/87 97 35 40

MERIAN

DAS MONOGRAPHIE-PROGRAMM 2004

Ihre Bibliothek des Reisens

Wenn Sie MERIAN jetzt abonnieren erhalten mit den kommenden 12 Ausgaben die Welt von MERIAN frei Haus. Monat für Monat vervollständigt jedes Heft Ihre Bibliothek der Länder, Regionen und Städte.

MERIAN 01/2004

MERIAN 02/2004

MERIAN 03/2004

MERIAN 04/2004

MERIAN 05/2004

MERIAN 06/2004

MERIAN 07/2004

MERIAN 08/2004

MERIAN 09/2004

MERIAN 10/2004

MERIAN 11/2004

MERIAN 12/2004

MERIAN ist das Synonym für Reisen und Kultur auf höchstem Niveau. Wertvolle Tipps und detailgetreue Kartographie erleichtern Ihre Reiseplanung und geben Ihnen neue Ideen und Ziele.

Seit 55 Jahren: Kein Programm ist so vielseitig und von bleibendem Wert wie MERIAN.

Tirol extrem

Sechs Tage im Adrenalinrausch

Text: Gunnar Ebmeyer

Tirol ist das Zentrum der Fun-Sportarten. Unser Autor probierte sich an sechs Tagen in sechs Schweiß treibenden Sportarten aus. Ein Tagebuch-Bericht

Wildwasserritt: Beim Rafting ist Teamarbeit gefragt. Nur wenn im richtigen Rhythmus gepaddelt wird, kommt das Schlauchboot sicher durch die Stromschnellen

Immer an der Wand lang: Eisklettern – hier am Pitztaler Gletscher – gehört zu den spektakulären Bergsportarten

Zwischen verträumten Bergdörfern und verlassenen Almwiesen hat die Natur eine riesige Outdoor-Arena für Sportbegeisterte und Action-Fans erschaffen. Wer Tirol aktiv erleben will, findet eine reiche Auswahl an Betätigungsfeldern. Und es gibt keine Ausreden: Kurse für Anfänger und Wieder-Einsteiger werden in jeder Sportart angeboten.

Montag: Rafting

Rafting ist eigentlich eine ganz einfache Geschichte: Man fährt in einem Schlauchboot (Raft) in einer Gruppe von zwei bis zwölf Personen einen Fluss hinunter. Zur Steuerung werden Stechpaddel eingesetzt. Na, denn mal los!

Gemächlich treibt das Schlauchboot auf die Stromschnelle zu. Kurz bevor es in die wuchtigen Wellen geht, gibt Steuerfrau Melanie Hammerschmidt das Kommando: „Volle Kraft voraus“. Wir ziehen die Paddel durchs Wasser, nahezu wirkungslos, in den Wogen fängt das Boot an zu buckeln. Es bäumt sich auf wie ein Pferd beim Rodeo. Statt zu paddeln, kralle ich mich in den Fußschlaufen fest, um nicht über Bord zu gehen. Die Gischt fliegt uns um die Ohren, ruckzuck bin ich platschnass. Unkontrolliert schießt das Boot durch die Fluten, ich fühle mich wie Ahab auf dem weißen Wal. Doch es nimmt ein gutes Ende – sobald die Stromschnelle passiert ist, dümpeln wir wieder gemütlich über den Inn.

Nach einiger Zeit ist die achtköpfige Besatzung besser eingespielt. Wir nähern uns dem Rohrbrückenschwall, warten auf die Kommandos unseres Guides. Wie auf einer Galeere ziehen wir die Paddel gleichzeitig durchs Wasser, jetzt haben wir unseren Rhythmus gefunden. Auch wenn das eisige Wasser weiter seinen Weg ins Boot und unsere Kleidung findet – einfach weiterpaddeln. Gekonnt lenkt Käpt'n Hammerschmidt uns durch die Fluten und lobt: „Ihr seit ein tolles Team geworden.“

Dienstag: Eisklettern

Okay, die Bootspartie gestern war harmlos. Nur leichter Muskelkater im Rücken. Eisklettern ist dagegen schon einige Nummern härter. Einen Meter will ich noch schaffen. Einmal noch den Pickel in die senkrechte Eiswand schlagen und mich irgendwie ein kleines Stück höher hieven. Mühsam ziehe ich das rechte Beil aus dem bläulichen Massiv und schlage einen halben Meter über dem Kopf drauflos. Doch die scharfe Spitze dringt keinen Millimeter in das granitharte Gefrorene. Und dieser verzweifelte Kraftakt bringt mich völlig aus dem Gleichgewicht. Mein linker Fuß rutscht ab. Ich stürze – das war's!

Auftrieb: Auch Anfänger können beim Paragliding abheben. Beim Tandemflug steuert ein erfahrener Gleitschirmpilot das Fluggerät

Die Muskeln verkrampfen, bereiten sich auf den Aufschlag vor – doch schon nach Bruchteilen einer Sekunde ist der freie Fall beendet, und ich baumel' im Gurt der Sicherheitsleine. Jetzt nicht aufgeben, nächster Versuch. Es lohnt sich, denn wie so oft kommt auch beim Eisklettern das Beste erst zum Schluss. Der Abstieg. Allein für das Abseilen lohnt sich die Mühe. Ich lehne mich zurück, strecke die Beine und mache langsam einen Schritt nach dem anderen. Weit unter mir der Boden der Tatsachen, während ich fast waagerecht in der Luft liege – nur gehalten von den Steigeisen und dem Bergführer, der langsam Seil nachgibt. Wer diesen Adrenalinkick mag, wird spätestens jetzt heiß aufs Eis.

Mittwoch: Mountainbike

Der körperliche Verfall setzt sich fort: Am Tag nach dem Eisklettern habe ich Schmerzen in Muskeln, von deren Existenz ich bislang nichts wusste. Dabei brauche ich heute alle Kräfte: Es geht mit dem Mountainbike die Abfahrtsstrecke in Kitzbühel hinunter, die legendäre Streif! Wenige Meter unterhalb der Mausefalle steige ich das erste Mal vom Rad – über den Lenker. Auf der kurzen Strecke durch den steilen Starthang hat Kurt Exenberger von der Bike Academy sich bereits so weit abgesetzt, dass er auf mich warten muss. Elegant will ich mit dem voll gefederten Bike neben ihm zum Stehen kommen. Das Hinterrad blockiert, entsetzt ziehe ich kräftig an der Vorderbremse. Und die Disc-Brake gehorcht sofort: Das Bike bleibt auf der Stelle stehen, und ich segele durch die Luft.

Wir fahren weiter, lassen den Steilhang rechts liegen, und kehren vor dem Brückenschuss auf die Originalstrecke zurück. Bremsen mag ich nicht mehr, lasse das Rad einfach laufen, das bis auf 60 Stundenkilometer beschleunigt. Hermann Maier und Co. können froh sein, dass hier im Winter Schnee liegt, der die vielen Wurzeln und Steine verdeckt, die mir ständig den Lenker aus den Händen zu schlagen drohen. Im Zielschuss treten wir noch mal kräftig in die Pedalen und erreichen in knapp 20 Minuten das Ziel. Zwar sind die Rennläufer deutlich schneller, deren Adrenalinpegel kann aber nicht höher sein.

Donnerstag: Paragliding

Zum ständigen Begleiter Muskelkater haben sich seit gestern blauschwarze Flecken an Hüfte und Schulter gesellt. Gut, dass heute Abhängen angesagt ist: Auf zum Paragliding-Tandemflug! Drei, vier schnelle Schritte, und wir verlieren

den Boden unter den Füßen. Auf dem 1600 Meter hohen Harschbichl hatte sich Pilot Hermann Linkchiger mich zur Brust genommen und mein Gurtzeug an seinem Schirm befestigt.

Jetzt schweben wir über den Dächern von St. Johann, und der Gurt, mit dem ich eben noch wie ein Kleinkind rumwatschelte, stellt sich jetzt als bequemes Sofa heraus. Hier sitzt man in der ersten Reihe. Ich genieße den Ausblick auf das Kitzsteinhorn und den Wilden Kaiser, und auch beim Blick auf die Spielzeuglandschaft unter uns regen sich keine Schwindelgefühle – zu sanft gleiten wir ins Tal.

Hermann sucht einen Luftzug, der uns in höhere Sphären befördern soll. Vergeblich. Heute sorgt die Thermik nicht für sehr viel Wirbel – wir sinken. Nach etwa 20 Minuten landen wir an der Talstation. Die Zeit ist wie im Flug vergangen.

Freitag: Bobfahren

Hurra, das Paragliding hat keine weiteren körperlichen Defekte nach sich gezogen. Leider habe ich diesen Umstand gestern abend mit einigen landestypischen Edelbränden zu heftig gefeiert. Nur gut, dass ich mein heutiges Fahrzeug nicht selbst lenken muss.

Der Bob neigt sich nach links. Ich erwarte als nächstes einen Turn in die andere Richtung und bereite mich darauf vor, nach rechts geschleudert zu werden. Doch mit einem Ruck kippt der Bob erneut nach links, und mein Helm schlägt gegen den Rahmen des Schlittens. Trotz ruppiger Fahrt bewahrt Steuermann Wolfgang Stampfer Fingerspitzengefühl und lenkt den Bob sicher durch das Labyrinth der Olympia-Bobbahn bei Innsbruck.

Auf der Geraden nimmt das Tempo weiter zu. Ich höre nur noch den Bob über den Asphalt rumpeln, rasend schnell kommt die Zielkurve auf uns zu. Die Fliehkraft drückt uns vier Passagiere so nah zusammen wie ein Teenagerpärchen beim ersten Kinobesuch. Nach etwa einer Minute kommen wir hinter der Ziellinie zum Stehen. Und ich will gleich noch einmal – von Tempo 100 träumte ich schließlich schon als kleiner Junge beim Rodeln.

Elegant wie ein Adler: MERIAN-Autor Gunnar Ebmeyer erfüllt beim Skispringen der Menschheit Traum: Fliegen

Röhren-Raser: Eine Bobfahrt ist für Geschwindigkeitsfanatiker das Nonplusultra

Samstag: Skispringen

Letzter Tag des Irrsinns und die Disziplin, vor der ich am meisten Bammel habe. Nun gibt es kein Zurück: Nicht nach unten schauen. Nicht nachdenken. Sonst springe ich hier nie runter. Am Schanzentisch enden die beiden Spuren im Schnee abrupt, dahinter erschreckende Leere und ein unsichtbarer Landepunkt – der Aufsprunghügel der Schanze in Pertisau am Achensee ist einfach zu steil. Wie einen Zahnarzttermin versuche ich den Sprung hinauszuzögern. Doch die Angst vor der Blamage ist größer. Ich gleite in die Spur, fixiere den Schanzentisch, springe nach 30 Metern Anlauf ab – und fliege. Tatsächlich. Ich fliege. Unglaublich.

Zwei Meter hoch segele ich über den Abhang, rudere wild mit den Armen. Dann falle ich wie ein Stein vom Himmel. Auf 16,5 Meter. Nicht ganz Schanzenrekord, aber immerhin: Alles ist heil geblieben. Jubelnd reiße ich die Arme hoch, als hätte ich die Vierschanzen-Tournee gewonnen. Dabei habe ich nur mich selbst besiegt. □

Gunnar Ebmeyer, *Jahrgang 1972, lebt als Journalist in Hamburg und will für* MERIAN *zukünftig nur noch Museums-Reportagen schreiben.*

>> Veranstalter und Tipps im Infoteil auf Seite 132

Der Poet von der Alm

Sepp Kahn ist Bergbauer. In Tirol kein ungewöhnlicher Beruf. Aber Sepp Kahn ist ein ungewöhnlicher Mann. Nicht nur, weil er Gedichte schreibt. Sondern auch, weil er so arbeitet, wie man es immer gemacht hat Text: Stefan Becker, Fotos: Andreas Riedmiller

Bergbauer Sepp Kahn lebt und arbeitet seit 14 Jahren von Juni bis September auf seinen zwei Almen am Lärchenberg im Windautal

Flinker Sepp – barfuß über saftige Weiden eilen

Als Moses vom Berg kam, schmiss er seine liebevoll gemeißelten Geschenke zu Boden und schimpfte sehr, als er sah, wie sich seine Leute wieder einmal vom Golde blenden ließen. Als Sepp Kahn von seinem Berg kam, ging er erst zum Friseur, dann zu seiner Familie und danach zurück auf seine Alm. Denn es regt ihn schon lang nicht mehr auf, was seine Leute alles aufführen, um die Erträge zu steigern, die Kosten zu senken, den Profit zu mehren. Nun könnte man meinen, alle seien froh, auf dass jeder nach seiner Façon selig werde. Weit gefehlt, denn gerade weil der eigensinnige Bergbauer Kahn einfach jeden Fortschritt ignoriert oder gar verweigert, macht er sich verdächtig. „Ich bin so rückständig, dass ich schon wieder modern bin", sagt er und spricht das schlimme Wort aus, welches manche Bauern noch mehr fürchten als die Osterweiterung der Europäischen Union: „Die denken, ich bin ein Grüner!" Was geschieht da nun frevelhaftes in der Abgeschiedenheit auf 1600 Metern Höhe, dass solch Gerücht kursiert? Kahn hütet Kühe und Schweine und Ziegen.

Der Senner und sein Vieh – schöne, heile Bergwelt? EU-Vorschriften und Preisverfall bedrohen das Idyll

Aus der Kuhmilch macht er Butter und Käse für den Verkauf und den eigenen Bedarf; die Milch der Ziegen trinkt er selbst oder bietet sie Besuchern an, und die mit Molke gefütterten Schweine werden nach dem Sommer geschlachtet. Sepp Kahn verrichtet also die traditionelle Arbeit eines Senners.

In Tirol gibt es rund 2300 bewirtschaftete Almen. Doch während viele Bergbauern dem Tag entgegenfiebern, an dem sie ein planierter Weg mit der Gegenwart verbindet, damit Trecker den Beton hoch schaffen für größere Ställe, Kraftfutter ankarren für mehr Milch und Gülle hinaufbringen, damit das Gras auf den Wiesen schneller wächst, verzichtet Sepp Kahn auf all dies und geht ganz bewusst seinen steinigen Pfad. Und trotzdem verkauft er gut, nämlich alles.

Rund 100 Tage lebt er von Juni bis September allein auf seinen zwei Almen, gelegen an der Sonnenseite des Lärchenbergs im Windautal. Pro Saison käst er 300 Kilo Tilsiter und stampft an die 100 Kilo Butter. Das wissen die Leute, bestellen vor und kraxeln zu ihm hinauf, um die frische Kost gleich mitzunehmen. „Für mich ist es ja auch einfacher, das Geld nach Hause zu tragen, als die schweren Käse", schmunzelt er zufrieden.

Sepp Kahn ist 51 Jahre alt, ein stattlicher Mann, hoch gewachsen und gerade wie seine Lärchen, kräftig in den Armen, wenn er das Holz hackt mit leichter Hand, flink auf den Beinen, wenn er barfüßig zur Hochalm eilt, um nach dem Jungvieh zu sehen. Geht die Sonne auf, beginnt für ihn die Arbeit, geht die Sonne unter, legt er sich schlafen. Sein Tag folgt dem festen Rhythmus des Senners: die Tiere versorgen, Wanderer bewirten. Manchmal besuchen ihn auch ein paar Freunde zum Kartenspielen. Die bringen dann immer den vierten Mann mit, sicherheitshalber, weil der Bauer zwischendurch ab und an aufspringen muss, nach dem Vieh sehen. Auf diese archaische Weise verbrachte er nun schon 14 Sommer, und 20 sollen es noch werden. Auf die Frage, ob er eigentlich je etwas anderes machen wollte, antwortet er bestimmt mit Nein. Damals, nach dem Tod des Vaters, stellte sich die Frage

Tisch, Bett, Herd, Bank – in de

Aus dem Tagebuch eines Senners

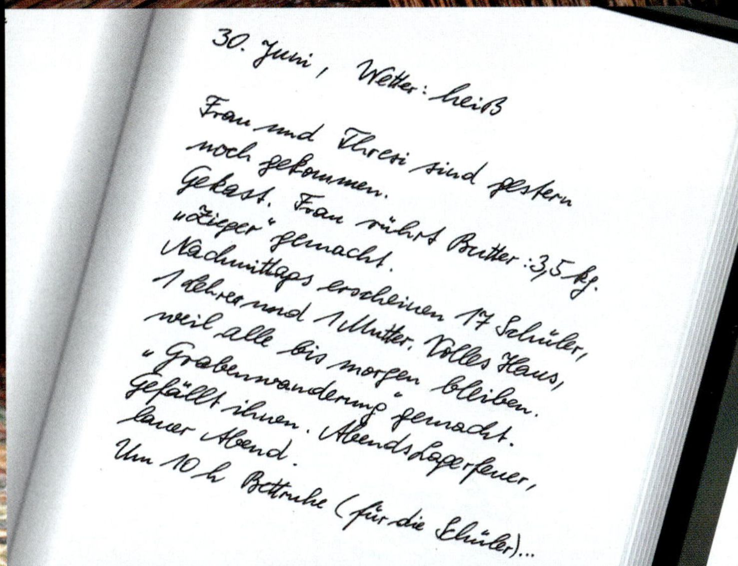

argen Schlichtheit seiner 300 Jahre alten Almhütte schreibt Sepp Kahn Tagebuch, Gedichte, sogar Romane. Vier Bücher hat er bereits veröffentlicht

gar nicht, der 17-jährige Josef erfüllte als Erbe und ältester Sohn seine Pflicht und half der Mutter. Heute, als Vater von fünf Kindern und Opa eines Enkels, will er gar nichts anderes machen. Zwar sei die Arbeit nicht wenig, aber: „Ich habe jeden Tag frei, mal mehr, mal weniger, und im Winter kann ich Skitouren gehen, wenn der Schnee fällt und nicht dann, wenn alle frei haben und es taut. Es ist gut, wie es ist." Auch, weil er sich nicht sorgen muss um die Nachfolge: Sein Sohn Josef (23), schon heute auf dem Hof aktiv, wird die Landwirtschaft samt Berg und Almen übernehmen. Das freut den Vater. Und mächtig stolz macht ihn der Enkel, der kleine Jakob, gerade ein Jahr alt: „Der ist jetzt schon almtauglich."

An manchen Wochenenden besucht ihn seine Frau Maria, „das kann ich nie ganz ausschließen", bringt selbst gebackenes Brot mit auf die Alm und das Neuste aus dem Dorfe Itter, wo der Hof der Familie steht. Dann sitzen sie gemeinsam auf der urigen Bank vor dem urigen Holzhäuschen, dessen Alter auf gut 300 Jahre geschätzt wird und schauen hinab in die fernen, gewundenen Täler oder hinauf zu den wilden Gipfeln. Später im Sommer pflücken Sepp und Maria Preiselbeeren, suchen Pilze, die „Schwammerln", welche unter den moosigfeuchten Felsen so reichlich gedeihen, oder sie pflücken Kräuter für einen kräftigen Tee. Eine schöne heile Bergwelt, die den Senner immer wieder zu kleinen Gedichten oder Geschichten inspiriert, manchmal auch zu Romanen oder Theaterstücken – vier Bücher hat er bereits veröffentlicht. Abends beim Schein der Kerze schreibt er dann seine Gedanken auf, formt sie zu Zeilen wie diesen:

„Zu spät. / Vor dem Hause steht der Wirt: / Ob es heut' wohl schneien wird? / Er hebt empor die feine Nase, schnuppert wie ein alter Hase. / Oh ja! / Doch schon vielleicht, / leise Hoffnung ihn beschleicht. / Es wird schneien große Flocken, / er wird brauchen dicke Socken, / Gäste werden kommen, Scharen. / Lifte werden wieder fahren, / alle werden sich vergnügen, / durch den tiefen Tiefschnee pflügen, / danach dann rasten, fressen, saufen, / dicke

Alltag: Über offenem Feuer rührt Kahn im Kupferkessel Käse – pro Sommer bis zu 300 Kilogramm Tilsiter

Flaschen, ganze Haufen, / im Profit wird er versinken, / den armen Schluckern wird er winken, / danach auf Gran Canaria fliegen, / genüsslich in der Sonne liegen. / Leider ist kein Schnee gekommen, / alles hat man ihm genommen. / Den ganzen hässlichen Verdruss / hat beendet dann ein Schuss. / Erst als man stand an seinem Grabe, / hat's geschneit. / Drei volle Tage." (Aus „Almtagebuch", Berenkamp Verlag, 2003, 16,50 Euro)

Schön ist diese Bergwelt, unbestritten, aber schon lange nicht mehr heil. Spielte einst im Heimatfilm der Wilderer den bösen Buben vor großer Kulisse, so bedrohen heute die Bürokraten der EU mit ihren Vorschriften Tiroler Brauchtum. Oder die Bauern selbst verschandeln die Natur mit zementgewordener Agrar-Architektur. Aber auch der Tourismus fordert seinen Tribut, wenn ehrgeizige Bürgermeister das Gesicht ganzer Orte verändern. In diesem alpinen Reality-TV in luftiger Höhe spielt Sepp Kahn die Rolle des Bergbauern im eigenen Freilichtmuseum. Wie er da so den kupfernen Kessel schwenkt über dem offenen Feuer und mit der Käseharfe durch die fermentierte Milch streicht, freut das zwar den Gast, beleidigt aber die Bürokraten. Denn das traditionelle Käsen kollidiert mit den Hygiene-Vorschriften der EU. „Das tut schon weh", sagt Kahn. Nach europäischen Normen dürfte er den Käse nicht in den Handel bringen. Seit Österreich zur EU gehört, gibt's auf der Alm also Sünden. „Dabei waren die aus Brüssel noch nie hier", sagt Hans Augustin, Leiter der Kulturprojekte in der Landwirtschaftskammer von Tirol. Sonst gäbe es vielleicht mehr Verständnis für die Bergbauern. Die Höfe in Tirol (acht Hektar im Schnitt) sind, verglichen mit dem europäischen Mittel (18,5 ha) eher klein, im Verhältnis zu Deutschland (32 ha) oder England (70 ha) geradezu winzig. Doch Ackerbau und Viehzucht im Flachland, den Gunstlagen der Landwirtschaft, diktieren die Preise. Und dort dominiert die Quantität von Gemüse, Getreide, Fleisch und Milch immer noch deren Qualität. Die meisten Tiroler Bauern reagieren auf den Preisver-

Abwechslung: Wanderer rasten auf der Alm. Ein Erinnerungsfoto wird ebenso gern mit nach Hause genommen wie ein Laib Käse

Gekäst wird auf der Alm wie vor hundert Jahren. Nach harter Arbeit Entspannung beim Schnitzen: „Es ist gut, wie es ist."

fall mit einer gesteigerten Produktion, aber das so erhöhte Angebot lässt die Preise weiter sinken. Um sich hiervon nicht abhängig zu machen, setzen Kahn und rund 3000 Biobauern auf Qualität: weniger Produkte, bessere Produkte, teurere Produkte. Das gibt Anlass zu vielen Diskussionen an den Stammtischen und Debatten in den Parlamenten.

Die verfolgt Sepp Kahn dann an seinem batteriebetriebenen Radio, denn Strom gibt es auf der Alm nicht. Ofen und Herd heizen mit Holz, Quellwasser erzeugt das Vakuum für die Melkmaschine, der Akku seines Mobiltelefons hält ewig, weil das Telefon so gut wie nie an ist. „Ich wollte gar keins haben, doch die Familie meinte, es sei wichtig, falls doch einmal etwas Ernstes sei – mit den Tieren", sagt er und seine blauen Augen lachen dabei. Sein Mund lacht wohl auch, doch verbirgt sich der hinter einem gewaltigen Rauschebart. Hemdsärmelig steht er in der kleinen Stube und bereitet aus Mehl, Wasser und Eiern einen Kaiserschmarrn, zu dem er Buttermilch reicht und Preiselbeer-Marmelade. Einfach und gut ist das Leben hier oben, aber auch gefährlich. Beim Mähen schräger Hänge etwa, wo sich das Gras nur per Hand schneiden lässt, weil selbst die Kletter-Kühe das Kraxeln verweigern. Der Sensenmann arbeitet dann ehrenamtlich als Landschaftspfleger, weil Schnee zu langes Gras beugt und dies eine ideale Rutsche für Lawinen wäre. Aus denen dann wieder Touristen befreit werden müssten. Kein schönes Bild. Das vom Almabtrieb dagegen schon, das lieben alle. Die Feriengäste erfreuen sich der geschmückten Kühe, die Fremdenverkehrskönige erfreuen sich voller Kassen. „Da will wieder jeder ein Geschäft machen, das gefällt mir nicht so", sagt Kahn. Außerdem müsste er sich für die Teilnahme an dem Spektakel bereits ein Jahr vorher verbindlich anmelden und so viel Planwirtschaft von Seiten der stramm kapitalistischen Bauernschaft irritiert den vermeintlichen Grünen. Da er aber nun einmal die Angewohnheit hat, sich aus allem und auf alles einen Reim zu machen, bleibt er auf dem Berg. Während unten alles tanzt, hockt er sich in den weichen Farn unter seiner Lieblingslärche und dichtet. Zum Glück muss er die Verse nicht mehr in Stein meißeln. □

MERIAN | INFO Landwirtschaft

Wer an Tirol denkt, der denkt an Berge. Und in diesen leben Menschen, die seit Menschengedenken als Bauern ihr Brot verdienen. Drei Viertel der landwirtschaftlichen Nutzfläche sind Almen und Bergmähder. Viele davon befinden sich in extremer Schieflage, aber nicht erst seit dem EU-Beitritt 1995, das war hier immer so. Familienbetriebe überwiegen: Mehr als 90 Prozent der knapp 49 000 Beschäftigten sind Familienangehörige des den Hof bewirtschaftenden Bauern. Knapp zwei Drittel der rund 18 000 Bauernhöfe existieren im Nebenerwerb, ein Partner geht also noch einem Beruf nach, fern von Stall und Scheune.
Während die Mehrzahl der Bauern konventionellen Landbau oder Milchwirtschaft betreibt, haben sich mittlerweile ca. 17 Prozent für den Bio-Hof entschieden. Seit dem EU-Beitritt Österreichs ist die Zahl der Tiroler Öko-Betriebe zwar gesunken (von 4768 im Jahre 1996 auf 3002 im Jahre 2002). Doch nach einer Phase der Konsolidierung ist die Tendenz für die Bio-Höfe angeblich wieder steigend. Damit einher geht die Direktvermarktung. In Tirol existieren 62 Bauernläden und Bauernmärkte, die oftmals gerade in kleinen Orten die Nahversorgung gewährleisten.
Die offiziellen genannten Einkommen für Ackerbau und Viehzucht sind sämtlich rückläufig, und Brüssel plant weitere Preissenkungen. Weitermachen werden die meisten Tiroler Bauern dennoch – weil sie es immer gemacht haben.

Stefan Becker, *Jahrgang 1967, lebt als Journalist in Hamburg und ist mit einer Tirolerin verheiratet.*
Andreas Riedmiller, *Jahrgang 1952, ist freier Fotograf, lebt in der Nähe von Kempten und will Sepp Kahn auch in Zukunft besuchen.*

INFO Service

MERIAN-Top Ten

1. **Achenseebahn** Eine der ältesten (1889) dampfbetriebenen Zahnradbahnen Europas. Sie dampft mit offenen Wagen von Jenbach zum 6,7 km entfernten Achensee und überwindet einen Höhenunterschied von 440 m.
2. **Brixentaler Bergleuchten** Im Brixental zaubern im August rund 40 000 Fackeln Leuchtsymbole auf die steilen Wiesen. Ein Hingucker.
3. **Friedhofbesuch** Das Dorf Grins hat nicht nur eine stattliche Pfarrkirche, sondern auch einen reizvoll gelegenen Friedhof mit schmiedeeisernen Kreuzen aus dem 18. Jahrhundert.
4. **Galitzenklamm** Tosende Wasserfälle, die Urgewalten des Galitzenbachs und steil aufragenden Felswände mit einem eindrucksvollen Blick in das Massiv der Lienzer Dolomiten.
5. **Hexenwasser** Ein 3,5 km langer Wanderpfad. Seine Besonderheit ist ein Wasserweg mit zahlreichen Wellness-Stationen, darunter Kneippbecken und Barfußwege. (www.hexenwasser.at)
6. **IFFI** Das Internationale Film Festival Innsbruck (IFFI) zeigt jeden Sommer an fünf Tagen aktuelle Streifen von internationalen Filmemachern.
7. **Swarovski Kristallwelten** Fantasievolle Raumkonzepte und Projektionen mit dem Schwerpunkt Kristall präsentieren die Kristallwelten in Wattens. Das von André Heller entworfene Gebäude ist eine der meistbesuchten Attraktionen Österreichs.
8. **Alpenpark Karwendel** Fünf Naturwaldreservate liegen im Alpenpark Karwendel, der sich mit dem bayerischen Anteil zum größten Naturschutzgebiet der Ostalpen vereinigt. Beliebter Ausflugspunkt ist die Engalm.
9. **Waldweiher Fließ** Der Weiher liegt idyllisch im Piller Wald bei Fließ – alles ist hier sehr ursprünglich und deswegen auch traumhaft ruhig und schön.
10. **Innsbrucker Tanzsommer** Das bestbesuchte internationale Tanzfestival Österreichs. Bühnenprogramme im Landestheater und im Kongresshaus, Workshops für Anfänger und Fortgeschrittene. www.tanzsommer.at

Am Himmel über Innsbruck: ein Teilnehmer der Vierschanzen-Tournee

Beneidenswertes Land

Ob Wandern oder Wellness, Schnapsbrenner oder Ski-Renner: Tirol hat's!

Tirol ist das wahre Land der unbegrenzten Möglichkeiten. Was vielleicht etwas skurril klingen mag angesichts der mächtigen, den Horizont begrenzenden Berge. Begrenzt und eng bleibt Tirol jedoch nur für den, der sich nicht hinauf wagt. Die ganze Schönheit des Landes erschließt sich erst dem Wanderer, dem Bergsteiger und Wintersportler. Wer Klettersteige kraxelt, durch Schluchten hangelt, mit den Skiern aufsteigt oder gar mit dem Paraglider abhebt, wird diese Grenzenlosigkeit spüren und eine in großen Teilen immer noch intakte Naturlandschft genießen können. Natürlich ist lange nicht alles nur ruhiges Bergidyll. Tirol gleicht mancherorts einem Freizeitpark, geeignet für jedes Alter und jedes Einkommen: Während einem die Wellness-Resorts mindestens fünf Sterne vom Himmel holen und sich im Luxus überbieten, können die Liebhaber des ländlichen Purismus ein paar hundert Meter höher auf der Alm für eine Hand voll Münzen den Himmel voller Geigen genießen, bei Buttermilch, Brot und Speck, schlicht und gut. Und was da ein paar pfiffige Köche mittlerweile aus der bäuerlichen Küche zaubern, allein aus Tiroler Zutaten – da geht den Gourmet-Testern glatt die Haube hoch. Und die Hüte fliegen auch, wenn die Musi spielt. Wenn beim „Tiroler Abend" geschrammelt und gezupft wird, was die Zitter hält, wenn Folklore auf rhythmische Sportklatscher trifft, dann darf sich der Gast fühlen wie ein kleiner König, was manche Besucher leider dazu verleitet, sich auch so aufzuführen. Doch wenn die Toleranz der Tiroler sich tatsächlich einmal dem Ende neigt, so sagen sie es auch, deutlich und klar: „Du Trottel". Aber selbst das Schimpfwort bekommt Charme, wenn das R dabei so herrlich rollt, grollend die Berge hinauf und donnernd wieder hinunter. Am Schluss des langen Sommers schließt die Vergnügungsanlage für kurze Zeit, um sich auf die zweite Jahreszeit vorzubereiten. Und wenn die ersten Flocken fallen, dann kurvt die hoffentlich winterbereifte Karawane erneut die Pässe hoch, und alle schließen sich wieder in die Arme, diesmal in Wolle und Daunen. Denn nach der Saison ist vor der Saison, und das ist auch Tirol.

Autorin des INFO-Magazins: Tanja Rupprecht-Becker

ANREISE

Mit dem Auto

Über die Brennerautobahn vom Süden und die Inntalautobahn aus Norden, Osten und Westen. Zweitschnellste Verbindung ist die Autobahn München – Garmisch-Partenkirchen, die ab Garmisch als Bundesstraße bis

Innsbruck weitergeführt wird. Auf Österreichs Autobahnen besteht Mautpflicht. Die Vignette („Pickerl“) gibt es an den Grenzübergängen und grenznahen Tankstellen, bei Postämtern, Trafiken und Automobilclubs. Kosten für ein Fahrzeug bis 3,5 t Gesamtgewicht: Jahresvignette 72,50 Euro, für 2 Monate 22 Euro,Touristen-Vignette für 10 Tage 7,50 Euro.

Mit dem Flugzeug

Tägliche Linien- bzw. Charterflüge von den wichtigsten europäischen Städten nach Innsbruck (www.flughafen-innsbruck.at). Der nächste benachbarte Flughafen ist München (www.munich-airport.de), von dem täglich mehrmals ein Liniendienst von und nach Innsbruck verkehrt. Wer direkt zur Unterkunft gebracht werden will, kann dies z. B. für die Strecke München – Innsbruck für 34 Euro (Hin- und Rückfahrt 64 Euro) buchen bei:
Four Seasons Travel
(24 Stunden Service)
Tel.00 43 (0) 512/58 41 57
www.airport-transfer.com

Mit der Bahn

In weniger als zwei Stunden fahren Züge von München zum Hauptbahnhof Innsbruck. Von dort gibt es Verbindungen in sämtliche Städte, Regionen und Täler Tirols (http://www.fahrplan.oebb.at). Zentrale Zugauskunft in Österreich: Tel. 05 17-17
Autoreisezüge im Winter von Hamburg, Berlin, Düsseldorf nach Innsbruck. Im Sommer ab Köln (www.db-autozug.de).

Verkehr im Lande

Auf Österreichs Autobahnen gilt Tempolimit 130. Vorsicht, an den „ehemaligen“ Grenzübergängen, Garmisch, Kufstein, wird gerne geblitzt. Auch Vignettenkontrolle. Auf den Bundesstraßen Höchstgeschwindigkeit: 100 km/h, im Ortsgebiet: 50 km/h. Die ÖAMTC-Pannenhilfe (Tel. 120) hat ein Kooperationsabkommen mit dem ADAC; ARBÖ Tel. 123

Busse

Zentrale österreichische Busauskunft für Bahn- und Postbusse: Tel: (01) 711 01.
www.postbus.at

AKTUELLE INFORMATIONEN

Auskunft

Österreich Werbung
Postfach 83, A-1043 Wien
Tel. aus Deutschland zum Ortstarif 018 02/10 18 18
Fax 018 02/10 18 19
Tel. innerhalb Österreichs
(01) 810 10 18 18
Fax (01) 810 10 18 19
www.austria-info/de

Tirol Info
(b 3) Maria-Theresien-Str. 55
6010 Innsbruck
Tel. (05 12) 72 72
Fax (05 12) 727 27
www.tirol.at

Veranstaltungshinweise

In den täglich erscheinenden Zeitungen: *Tiroler Tageszeitung, Tiroler Kurier, Kronenzeitung*. In Osttirol auch die *Kleine Zeitung*.
Für junge Leute eignet sich der INNSIDER: Tiroler Veranstaltungsmagazin mit Tipps rund um Kinder, Kultur, Kino, Sport und Veranstaltungen jeweils für einen Monat.
www.innsider.at

INFO | INHALT

INFO | LEGENDE

Alle Adressen im Info-Magazin sind MERIAN-Empfehlungen. Die Adressen mit dem MERIAN-M zeichnen sich durch ein hervorragendes Preis-/Leistungsverhältnis aus.
M sehr gut, MM herausragend, MMM nicht zu übertreffen.
Preiskategorien Hotels: € DZ unter 50 €, €€ DZ 50-100 €, €€€ DZ über 100 €, €€€€ DZ über 200 €.
Preiskategorien Restaurants (für ein Hauptgericht): € bis 10 €, €€ 10-15 €, €€€ mehr als 15 €

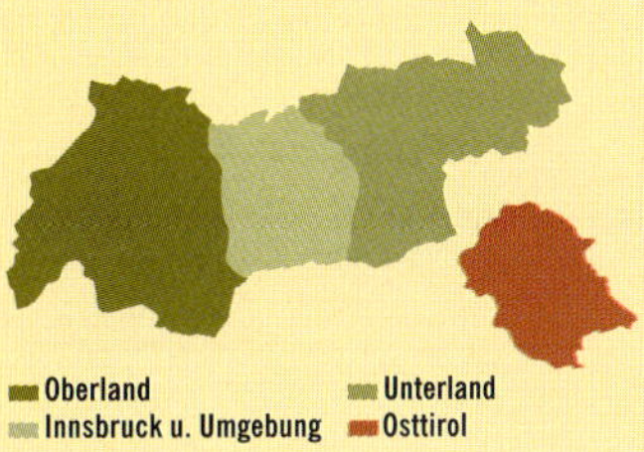

Die Planquadrate der Adressen beziehen sich auf die MERIAN-Karte (S.139-141) Kleine Lettern beziehen sich auf den Stadtplan Innsbruck auf der Faltkarte zum Heraustrennen (S.3)

INFO Service

Landesdaten

Einwohner: 682 638 Einwohner leben in den 279 Gemeinden der neun Tiroler Bezirke Innsbruck-Stadt, Innsbruck-Land, Imst, Kitzbühel, Kufstein, Landeck, Reutte, Schwaz und Lienz (Osttirol).

Landesfläche: Tirol ist mit 12 648 Quadratkilometern das drittgrößte Bundesland Österreichs. 39 % davon ist landwirtschaftlich nutzbarer Boden, 35 % Wald, 26 % unproduktive oder sonstige Fläche. Als Dauersiedlungsraum stehen den Tirolern allerdings nur ein Achtel der Landesfläche zur Verfügung.

Wirtschaft: Von den rund 270 950 Arbeitnehmern in Tirol sind 185 049 im Dienstleistungsbereich, 73 649 in der Produktion und 2 516 in Land- und Forstwirtschaft tätig.
Mit durchschnittlich 60 Fremdenübernachtungen je Einwohner ist Tirol das tourismusintensivste Bundesland Österreichs, das im Jahr 2002 mit insgesamt 41,5 Millionen Fremdenübernachtungen mehr als 35 % der touristischen Nachfrage in Österreich auf sich vereinigen konnte.

Höchste Erhebungen:
Großglockner (3798 m) – der Gipfel der höchsten Erhebung Österreichs liegt an der Grenze zu Kärnten, kann aber von Osttiroler Seite aus bestiegen werden. Unzweideutig in Tirol liegt die Wildspitze (3768 m).

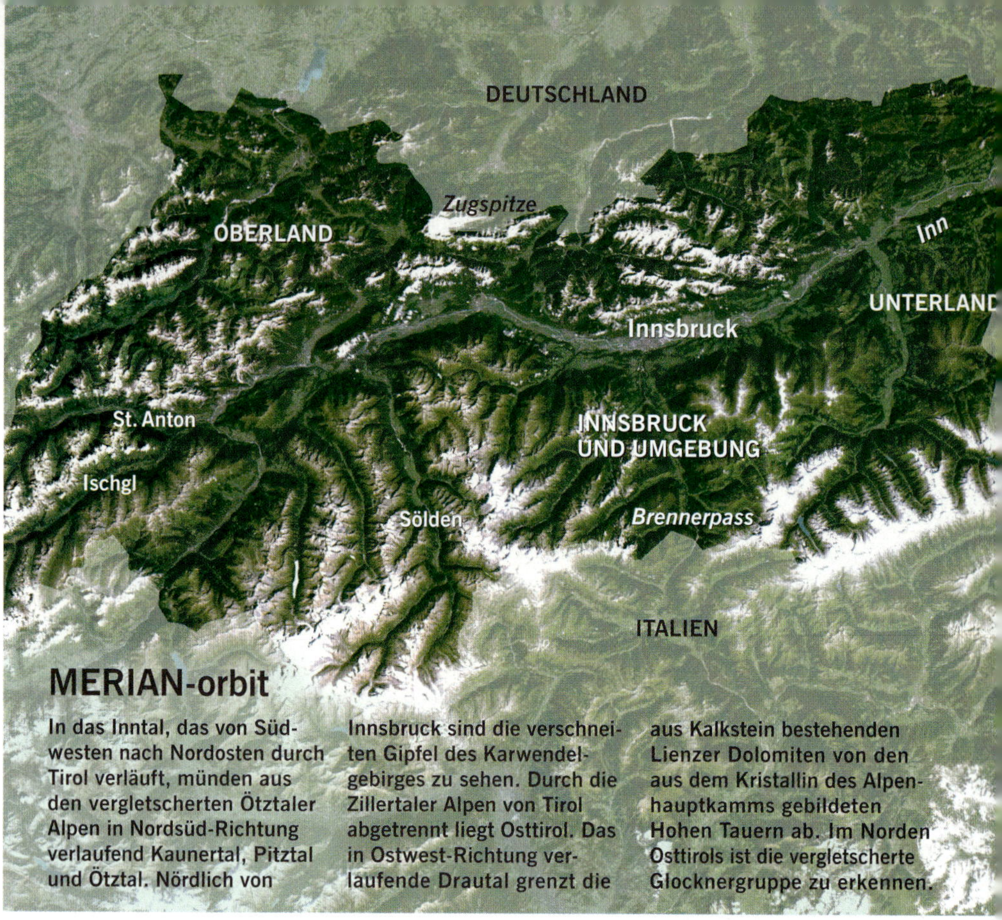

MERIAN-orbit

In das Inntal, das von Südwesten nach Nordosten durch Tirol verläuft, münden aus den vergletscherten Ötztaler Alpen in Nordsüd-Richtung verlaufend Kaunertal, Pitztal und Ötztal. Nördlich von Innsbruck sind die verschneiten Gipfel des Karwendelgebirges zu sehen. Durch die Zillertaler Alpen von Tirol abgetrennt liegt Osttirol. Das in Ostwest-Richtung verlaufende Drautal grenzt die aus Kalkstein bestehenden Lienzer Dolomiten von den aus dem Kristallin des Alpenhauptkamms gebildeten Hohen Tauern ab. Im Norden Osttirols ist die vergletscherte Glocknergruppe zu erkennen.

Innsbruck Card
Sightseeing- und Feriencard. Ermöglicht kostengünstig und bargeldlos die Benutzung der öffentlichen Verkehrsmittel, Eintritt in diverse Museen, Sehenswürdigkeiten sowie Benutzung zahlreicher Bergbahnen.
Innsbruck Tourismus
Tel. (05 12) 598 50
Fax (05 12) 59 85 07
www.innsbruck-tourismus.com
Preis: 24 Stunden 21 Euro

DATEN | WETTER

Innsbruck	Jan.	Feb.	März	Apr.	Mai	Juni	Juli	Aug.	Sept.	Okt.	Nov.	Dez.
Durchschn. Höchstw. in °C	1	4	11	18	21	24	26	24	21	14	8	2
Durchschn. Tiefstwert in °C	-7	-4	-1	4	8	11	13	12	9	4	0	-4
Durchschn. Niederschlag in mm	53	40	42	57	75	104	121	116	77	61	57	53

In Tirol herrscht zentraleuropäisches Klima mit warmen Sommern und kalten Wintern. Im Sommer kann das Thermometer auf bis zu 35°C klettern, im Winter fällt es schon mal auf -20°C. Temperatur und Niederschlag sind stark abhängig von der Höhe der einzelnen Regionen. Bei Touren im Hochgebirge unbedingt vorher Informationen über Wetterlage, Schneebeschaffenheit und Lawinengefahr einholen. Im Internet zum Beispiel unter www.tiscover.at oder www.wetter.at

Internetcafés
(b 2) Café Moderne
Hier kann nicht nur im Internet surfen, sondern auch gutbürgerliche Küche genießen.
Innsbruck, Maria-Theresien-Straße 16, Tel. (05 12) 58 48 48, www.moderne.at,
tgl. 8.30-1 Uhr, Dez., Jan., Feb. So geschl.

(b 1) Domcafé
Schräg gegenüber vom Innsbrucker Dom.
Innsbruck, Pfarrgasse 3 A
Tel. (05 12) 93 53 99
täglich 12-2 Uhr

Campingplätze
Größte Auswahl um die Tiroler Seen (Achensee, Plansee, Walchsee) und im Zillertal. Das kostenlose Verzeichnis der 78 Tiroler Campingplätze verschickt
Tirol Info, 6010 Innsbruck
Maria-Theresien-Str. 55
Tel. (05 12) 72 72
www.tirol.at

Notrufe
Zentrale Notrufnummer 144
Bergrettung 140
Feuerwehr 122
Polizei 133
Die Nummern verbinden den Anrufer von überall her ohne Vorwahl und kostenlos.

BÜCHER

Tirol übers Jahr
Bernhard Berger u. Windfried Hofinger, Tyrolia Verlag, 192 Seiten, 34,90 €
Landschaft, Bauerhöfe und Kirchen,Menschen und Brauchtum zu allen Jahreszeiten in ästhetischer Schwarzweiß-Fotografie.

Tiroler Küche
Maria Drewes, 221 Seiten, Tyrolia Verlaganstalt, 21,50 €
Rund 500 erprobte Rezepte aus allen Teilen Tirols. Von Suppen über Knödel und Nocken bis zu Fleisch, Wildbret und Fisch; von Kiachl und Krapfen über Kuchen bis zum Weihnachtsgebäck.

Tirols Geschichte in Wort und Bild
Michael Forcher, Haymon-Verlag 2000, 432 Seiten, 34 €
Sechste Auflage des populären Standardwerkes über die wechselvolle Tiroler Geschichte. Reich bebildert, sehr informativ und gut lesbar.

Plakatkunst im Tourismus – 100 Bilder aus Tirol
Michael Forcher u. Petra Köck, Haymon-Verlag, 192 Seiten, 58 €
Die über 100-jährige Geschichte

des Fremdenverkehrs in Tirol wird anhand von künstlerisch gestalteten Werbeplakaten dargestellt. Gleichzeitig ein Führer durch die Stilepochen von Grafik und Malerei.

Die schönsten Familienwanderungen in Tirol
Peter Freiberger, 224 Seiten, Loewenzahn Verlag, 19 €
Abwechslungsreiche Touren für den Urlaub mit Kindern. Vorschläge für jedes Wetter und jede Jahreszeit.

Tirol kocht
Lois Hechenblaikner, Karin Longariva, Christoph Wagner, Christian Brandstätter Verlag, 168 Seiten, 39,90 €
Streifzug durch die klassische und moderne Tiroler Küche. Produkte der Region und der jeweiligen Saison zubereitet nach traditionellen Rezepten.

Wegen der Gegend – Literarische Reisen durch Tirol
Barbara Higgs, Wolfgang Straub (Herausgeber), 138 Seiten, Eichborn Verlag 13,50 € Tirol erleben durch die Literatur und mit den Augen von Schriftstellern. Menschen und Landschaften, Begebenheiten und Begegnungen, Gebräuche und Mythen – auf den Tiroler Spuren der Reisen – den Goethe, Heine, Kotzebue, Hemingway, Felix Mitterer und vieler anderer. Ein Lesevergnügen.

Kultur. Geschichten Tirol
Stefanie Holzer. Ein Reiseführer, Folio 2000, 14,50 €
Ausgezeichneter Reiseführer, der neben den bekannten Sehenswürdigkeiten viel Hintergründiges bietet und umfassend über Kultur und Geschichte informiert. Unterhaltsam.

Tirol Handbuch Hannes Kautzky, Reise Know How, 1999, 19,90 €
Sehr guter, umfassender Reiseführer mit Extrakarte. Viele Hintergrundinformationen zu Land und Leuten, Brauchtum und Kultur.

Wanderführer Tirol
Adolf Lässer, (Hg.), Kompass Verlag, 1991, 303 Seiten, 11,95 €
Praktischer Wanderbegleiter, umfassendes Tourenangebot für jedermann – vom Flaneur bis zum Bergsteiger. Mit vielen Karten, Skizzen und Kontaktadressen.

Abenteuer Tirol Joe Rabl, Verlag Loewenzahn 2002, 120 Seiten, 12€
Tipps und Adressensammlung für sportliche Aktivitäten von Canyoning bis Tauchen.

Wildnis Tirol
Alessandra Sarti u. Reinhard Hölzl, 207 S., Edition Loewenzahn, 44 €
Hervorragender Bildband mit informativen Texten zu Flora und Fauna.

Polo Tirol Renate Wagner-Wittula u. a. Marco Polo, Mairs Geographischer Verlag, 2003, 7,95 €
Durch die Täler von Inn, Lech und Ziller, auf Hochplateaus, zu ursprünglichen Bergdörfern, zu eisbedeckten Gipfelriesen, ins unberührte Osttirol.Tipps, Trends und Adressen.

Margarete Maultasch
Fanny Wibmer-Pedit, 550 Seiten, Tyrolia Verlaganstalt, 9,90 €
Diese Biografie ist eine Ehrenrettung der Erbgräfin Margarete von Tirol, die durch Verleumdung zur „Maultasch" wurde, jedoch eine der bedeutendsten und anmutigsten Gestalten der Tiroler Geschichte war.

G'schichten aus dem alten Innsbruck
Ingelies Zimmermann, 144 Seiten, Berenkamp Verlag, 17,70 €
Wohin ging man zum Essen, was wurde gelesen, wer waren die „Alt Innsbrucker Originale"? Einblicke in vergangene Innsbrucker Zeiten.

Karten aus MERIAN-Heften
sind bei geomatics@ipublish.de zu bestellen oder unter der Telefonnummer (089) 450 00 72 72.

SITE-SEEING

TEXT: PETER GLASER

Virtuelle Bergtouren

Surfin' Tirol: vom Knödelrezept bis zur Gipfel-Webcam. Es gibt nichts, was es nicht gibt

Ab in die Berge: die Brenner-Autobahn im Wipptal

„Der Tiroler", weiß der einheimische Dichter Elias Schneitter, „glaubt an das Gute im Menschen. Darum ist ihm jeder Tourist willkommen." Grundausstattungen für die Tirolreise lassen sich bequem im Internet besorgen. Eine Linksammlung – von Almrausch bis Zirmberg – bietet **www.tvb.co.at/links-d.htm**. Bei der Quartierwahl behilflich sind Sites wie **www.tyrol.at** oder die der 149 örtlichen und regionalen Tourismusverbände unter **www.tirol.gv.at/applikationen/gemeinden/tourismus.jsp**. Privatunterkünfte kann man auswählen unter **www.holidayprivat.com/tirol**, einen Urlaub auf dem Bauernhof bei **www.bauernhof.cc**. Für Osttirol gibt es eine eigene Suchmaschine: **ost.at**. Ein Panorama der Ferienmöglichkeiten auch im Umland entfaltet der Tourismusverband Innsbruck (**www.innsbruck-tourismus.com**). Ein weiteres attraktives Stadtportal ist **www.innsbruck information.at**. Was in Tirol los ist, erfährt man unter **www.tirol-click2fun.at** oder auf der Website des ORF-Landesstudios Tirol (**tirol.orf.at**). Wer selbst aktiv werden möchte, steht vor einer eindrucksvollen Auswahl. Einen Fächer von alpiner Wellness bis Fischen eröffnet **www.tirol.at**, dazu, um sich selbst ein Bild von Wetter oder Schneelage machen zu können, eine Galerie von Webcams. Vor jeder Tour sollte man die Hinweise des Lawinenwarndienstes beachten (**www.lawine.at**). Mehr als 80 Skigebiete von Achensee-Maurach bis Zill am Ziller lassen sich unter **www.bergfex.at/tirol** unter die Lupe nehmen. Moderne Mobilitätsformen wie Rafting, Canyoning oder Paragliding werden unter **www.aktiv-tirol.com** gewürdigt. Die Eingabe der Adresse **www.tirol.gv.at/applikationen/tiris/geo.dienste/ geodienst.shtml** wird belohnt mit detailtief zoombaren interaktiven Karten der Tiroler Wander- und Bergwege, aller Mountainbike- und Radwanderstrecken und des Verkehrsinformationssystems Tirol, das über Baustellen und Lawinensperren informiert. Wanderer können Ausführliches dazu auch unter **www.wandern.tirol.at** oder **www.almen rausch.at** nachlesen. Reichhaltige Kulturwegweiser findet man unter **www.kultur.tirol.at** oder **www.tirolkultur.at**. Verständigungsproblemen kann mit dem Österreichisch-Deutschen Wörterbuch (**members.ping.at/markmuhl/diction.htm**) vorgebeugt werden. Appetit bekommen? Unter **www.tiroler-wirtshaus.at** lässt sich der Weg zum kulinarischen Wohlbehagen verkürzen, wie man's lieber mag – entweder mit Hilfe von Rezepten oder von Wirtshausadressen.

INNSBRUCK

Dom zu St. Jakob

Barockbau mit berühmtem Mariahilf-Gnadenbild von Lucas Cranach und dem kunstvoll gestalteten Grab Maximilians des Deutschmeisters. Fresken und Stukkaturen der Brüder Cosmas Damian Asam und Egid Quirin Asam. Die Cranach-Madonna findet man auf vielen Fassaden in der ganzen Stadt wieder.
(b 1) Domplatz, *Gottesdienste: Mo-Do 8, Mo-Sa 9.30 So 10 und 11.30 Uhr*

Goldenes Dachl

Das Wahrzeichen Innsbrucks liegt mitten in der spätmittelalterlichen Altstadt. Der spätgotische Erker mit 2657 vergoldeten Kupferplatten wurde unter Kaiser Maximilian I. um 1500 als Hofloge erbaut.
(b 1) Herzog-Friedrich-Str. 15
Tel. (0 512) 58 11 11
www.tiroler-landesmuseum.at
1. Mai-30. Sep. tägl. 10-18
1. Okt.-30. Apr. Di-So 10-12.30 und 14-17 Uhr, Mo geschl.

Hofburg

Prunkräume mit prachtvollen Rokokostukkaturen, Deckenfresken von Franz Anton Maulpertsch und Bildern von Kaiserin Maria Theresia mit ihren Gatten Franz Stephan I. sowie den 16 Kindern.
(b 1) Rennweg 1
Tel. (0 512) 58 71 86
www.tirol.com/hofburg-ibk
Führungen: 5,45 €

Hofkirche

Kaiser Maximilian I. gab die berühmten „Schwarzen Mander" in Auftrag. Sie sollten das Trauergeleit am Grabmal des Renaissancefürsten darstellen. Die 28 überlebensgroßen Bronzefiguren umstehen den leeren Sarkophag, denn Maximilian wurde in Wien begraben. Im Gegensatz zum Kaiser fand Volksheld Andreas Hofer in der Hofkirche tatsächlich seine letzte Ruhestätte.
(b 1/2) Universitätsstr. 2
Tel. (0 512) 58 43 02
www.hofkirche.at
Führungen 8 €

Schloss Ambras

Im 16. Jahrhundert unter Erzherzog Ferdinand II. zum Renaissanceschloss umgebaut. Beherbergt die berühmte Ambraser Sammlung: Turnierharnische, künstlerische und kuriose Werke.
(c 2) Schlossstr. 20
Tel. (0 52524) 745
www.khm.at/ambras
geöffnet: 1. Apr.-31. Okt. 10-17 Uhr, Eintritt: 7,50 €, 1. Dez.-31. März 10- 17 Uhr, Eintritt: 4,50 €

Barocke Pracht: der riesige Saal in der Innsbrucker Hofburg

Renaissance-Perle: Schloss Ambras bei Innsbruck

Tiroler Volkskunstmuseum
Volkskunst aus fünf Jahrhunderten. Von der Krippenausstellung über Originalstuben bis hin zu Fasnachtfiguren, Trachten und Bauernmöbeln.
(b/c 2) Universitätsstr. 2
Tel. (0 512) 58 43 02
www.tiroler-volkskunstmuseum.at *Eintritt: 5 €*

OBERLAND

(C 4) Fließ
Archäologisches Museum
Bronze- und eisenzeitliche Funde aus der Region. Empfehlung: die geführten Wanderungen auf der Römerstraße Via Claudia Augusta.
Tel. (0 54 49) 52 24
Mai-Okt. Di-So u. 10-12 Uhr und 15-17 Uhr

(D/E 3) Stams
Zisterzienserstiftsmuseum
Das 1273 gegründete und im 17. Jh. umgebaute Kloster ist mit Altären und Figurengruppen eines der schönsten Barockdenkmäler Österreichs.
Tel. (0 52 63) 624 20
Di-So 10-11.30 und 13.30-17 Do bis 19 Uhr, Führungen auf Anfrage

(B 4) St. Anton
Ski- und Heimatmuseum
Skitourismus hat in St. Anton Tradition. Originalgegenstände und alte Fotos aus der Pionierzeit des Skilaufs bezeugen dies auf unterhaltsame Weise.
20. Juni-20. Sept. Do-Di 10-18 Uhr, 18.12.-Ostern: Mo-Sa 15-22 Uhr

UNTERLAND

(H/I 3) Alpbach
Bergbauernmuseum
Das Bergbauernmuseum Alpbach ist ein rund 400 Jahre altes Bauernhaus. Dort können etwa 1000 Arbeits- und Alltagsgegenstände besichtigt werden, die einen lebendigen Einblick in das einstige Bauernleben vermitteln.
Tel. (0 53 36) 56 07
www.alpbach.at

(H 3) Rattenberg
Die kleinste Stadt Tirols (436 Einw.) hat sich mit gotischen Fensterrahmungen und Türstöcken aus rotem Marmor mittelalterlichen Charakter bewahrt. Berühmt sind die Glasbläser-Werkstätten und die erstmals 1254 urkundlich erwähnte Burg, in der heute sommerliche Theateraufführungen stattfinden.

(H 3) Stans
Schloss Tratzberg
Die einzige Burg in Tirol mit originaler Einrichtung. Der spätgotische Bau wurde in der Renaissancezeit erweitert. Er befindet sich seit 1847 in Privatbesitz der Grafen Enzenberg. Das Königinnenzimmer gilt als reichstes Musterwerk deutscher Renaissance in Tirol.
Tel. (0 52 42) 635 66 20
www.schloss-tratzberg.at
29. März-2. Nov. 10-16 Uhr Eintritt 9 €

(G/H 3) Schwaz
Prächtige Bürgerpaläste aus der Blütezeit der Stadt um 1500 und der Schaustollen des Silberbergwerks. (www.silberbergwerk.at) *Eintritt: 15 €*

OSTTIROL

(M 6) Dölsach
Archäologiepark Aguntum
Ausgrabungsstätte einer römischen Siedlung mit Grabungsmuseum.
Tel. (0 48 52) 615 50
www.agun tum.info *Eintritt: 2,60 €*

(K 6) Sillian-Arnbach
Kutschenmuseum
Im Grenzort Arnbach befindet sich Tirols einzige Kutschen- und Schlittensammlung. Ausfahrten mit den historischen Gefährten möglich.
Tel. (0 48 42) 66 57 *Besichtigung nach Vereinbarung.*

MERIAN | TIPP

Axamer Wampelerreiten

Einzigartig in der Tiroler Fasnachtslandschaft: Die Axamer Wampeler sind Fasnachtsfiguren, die ein grobes Leinenhemd tragen, das an Brust, Armen und Rücken mit Heu prall ausgepolstert ist. Am Unsinnigen Donnerstag (Weiberfasnacht) schleichen sie beim Umzug durchs Dorf in gebückter Haltung voran, da ihnen Gefahr von den so genannten Reitern droht. Die Reiter sind Burschen aus dem Publikum, die versuchen, die Wampeler mit dem Rücken auf den Boden zu werfen. Dabei geht es auch derb zur Sache, Einheimische und Besucher kommen sich so nah wie sonst nur in der überfüllten Seilbahnkabine.

(F 4) Axams bei Innsbruck
Info: Bernhard Falkner
Tel. (0 52 34) 681 98

BRAUCHTUMSKALENDER

WINTER

Krampuslaufen

Wenn der Nikolaus die Kinder besucht, wird er oft vom Krampus, einer unheimlichen Teufelsgestalt mit einer furchterregenden Larve (Maske) begleitet. Die Krampusse ziehen in Gruppen bei Einbruch der Dunkelheit durch die Straßen, schwärzen Passanten mit Ruß an und setzen zuweilen auch ihre Ruten ein.

Anklöpfeln

Die letzten drei Donnerstage im Advent sind die Klöpfelnächte. Als Hirten verkleidete Musikanten ziehen durch die Orte, singen Adventlieder und erhalten nach den Segenswünschen meist Geldspenden für einen guten Zweck. Die „Aufgabe“ der Klöpfler besteht darin, die bevorstehende Ankunft des Heilands stimmungsvoll vorherzusagen.

Brixen im Thale feiert alljährlich die Vertreibung der Schweden im Dreißigjährigen Krieg

Neujahr

Ein wichtiger Familienfeiertag. In manchen Orten spielen Blasmusikanten in kleinen Gruppen auf. Vereinzelt hat sich noch der Brauch des „Neujahrabgewinnes“ erhalten: Kinder klopfen an den Haustüren, wünschen „Ein gutes neues Jahr“ und erhalten dafür kleine Geldgaben.

FASCHING/FASTNACHT

(C 5) Fiss
Fisser Blochziehen

Im Zentrum dieses Brauches, der nur alle vier Jahre stattfindet (nächster Termin: Januar 2006) steht der Bloch – ein Holzstamm aus Zirbenholz – der von Fasnachtsfiguren durchs Dorf gezogen wird. Hexen und der Schwanzteufel versuchen, dies zu verhindern. Besonders akrobatisch gibt sich der Bajatzl, der auf den Dächern der Häuser turnt. Am Ende des Fasnachtsumzuges wird der Bloch an den Meistbietenden verkauft.
Tourismusverband Fiss
Tel. (0 54 76) 64 41
www.blochziehen.at

(C/D 4) Imst
Imster Schemenlaufen

Das berühmte Schemenlaufen findet alle vier Jahre am Faschingssonntag statt, das nächste Mal am 15. Februar 2004. Rund 800 Maskierte sorgen für ein farbenprächtiges Bild, zigtausend Zuschauer bestaunen die überlieferten Sprünge und Tänze. Typisch sind die Figuren „Roller“ und „Scheller“. Sie tragen einen monströsen Kopfschmuck und um den Leib gebundene Schellen. Beim Fasnachtsgangl (Tanz) stehen den zierlich anmutenden Sprüngen des Rollers die schwerfälligen Bewegungen des Schellers gegenüber.
Tourismusverband
Tel. (0 54 12) 691 00
www.fasnacht.at

(D 3) Nassereith
Nassereither Schellerlaufen

Bunte Kostüme, urwüchsiges Brauchtum, alte Traditionen und gewaltige Holzmasken. Alle drei Jahre (nächster Termin: 8. Februar 2004) gehen die Nassereither in die Fasnacht. Am Abend, nach dem Betläuten, verschwinden die Masken wieder für drei Jahre.
Info Tel. (0 52 65) 52 12
www.nassereith.at

Scheibenschlagen

Am ersten Sonntag nach Aschermittwoch werden in einigen Gemeinden des Tiroler Oberlandes, des Außerferns und Osttirols rotglühende Scheiben von Hügeln ins Tal geschleudert. Jede Scheibe wird von einem Spruch begleitet, der witzig oder sarkastisch auf Vorkommnisse im Dorfleben anspielt.

FRÜHLING

(G 3) Thaur
Palmsonntag in Thaur

Palmsonntagsumzüge finden in vielen Tiroler Orten statt, einer der größten in Thaur. Hier wird ein Palmesel mit einer fast lebensgroßen Christusfigur von Kirche zu Kirche gezogen. Bei den geschmückten Palmlatten oder -stangen versucht jedes Dorf die Nachbargemeinde in Länge und Pracht zu übertreffen.
Info Tel. (0 52 23) 49 28 61
www.thaur.at

(L 5) Virgen
Virger Widderprozession

Am ersten Samstag nach Ostern

findet in Virgen/Osttirol die Widderprozession statt. In Erinnerung an die Pestepidemien im 17. Jahrhundert wird ein weißer, mit bunten Bändern geschmückter Widder in einer feierlichen Prozession zur Wallfahrtskirche in Obermauern geleitet. Nach der Messe versteigert man den Widder, der Erlös kommt der Kirchenrenovierung zugute.
Info Tel. (0 48 74) 50 02
www.virgen.at

Aperschnalzen

Schon Wochen vor dem 21. März, dem „offiziellen" Frühlingsbeginn, hört man in einigen Gemeinden Tirols das rhythmische Knallen der Peitschen. Sie werden mit großem Effekt von den „Schnalzern" kreisartig über dem Kopf geschwungen und erzeugen durch eine ruckartige Gegenbewegung den charakteristischen Knall. Mit dem Lärm wird der Winter vertrieben und das Frühjahr begrüßt.

(H 4) Zell am Ziller

Gauderfest

Das größte Tiroler Volksfest findet am ersten Maiwochenende statt. Spannend: das Rangeln mit Teilnehmern aus dem gesamten Alpenraum. Bunt: der Festumzug mit zahlreichen Trachtenträgern.
Info Tel. (0 52 82) 22 81
www.gauderfest.at

(K 2/3) Brixen im Thale

Brixentaler Antlassritt

Ein Brauch aus der Zeit des Dreißigjährigen Krieges. Nach der Messe am Fronleichnamstag versammeln sich die Bauern des Tales (aus Westendorf, Brixen und Kirchberg) mit rund 80 geschmückten Pferden vor der Kirche in Brixen. Unter Glockengeläut und Marschmusik setzt sich der Zug in Richtung Kirchberg in Bewegung. Ziel ist die „Schweden-Kapelle" am Kirchberger Ortsrand. Hier feiert man die Vertreibung der Schweden, die am Ende des Dreißigjährigen Krieges das Tal bedrohten.
Info Tel. (0 53 34) 84 33
www.brixenimthale.at

SOMMER

Sonnenwend- und Johannisfeuer

Mit Sonnenwendfeuern feiert man in ganz Tirol um den 22./23. Juni die kürzeste Nacht des Jahres. Bergketten werden mit Feuerstellen beleuchtet, auf vielen Hängen zeichnet man mit Flammen weltliche und christliche Motive nach. Die Johannisfeuer, die an Johannis den Täufer erinnern sollen, sind seit dem 12. Jahrhundert belegt und terminlich (24. Juni) eng mit den Sonnenwendfeuern verbunden.

Sonnenwendfeuer auf den Bergen in den kürzesten Nächten des Jahres

Almabtrieb

Mit besonderen Festen wird alljährlich der Abtrieb des Viehs von den Almen gefeiert. Als Dank für die gut abgelaufenen Sommermonate schmückt man das Vieh mit einem bunten Kopfschmuck. Unter der Anteilnahme des ganzen Dorfes, bei Musik und gutem Essen wird mit diesem Fest der Herbst eingeleitet.

HERBST

Krapfenschnappen

In manchen Gegenden Osttirols (Hochburgen sind Matrei, Lienz-Patriasdorf und Dölsach) ziehen in der Zeit um Allerheiligen Kinder von Haus zu Haus.
Sie tragen „Krapfenschnappen", an einer Stange befestigte Tiermasken. Die Kinnlade dieser Maske ist durch eine Schnur auf- und zuklappbar und erzeugt „klappernde" Geräusche. Früher erhielten die Kinder Krapfen, heute sind es Süßigkeiten und etwas Geld.

MERIAN | TIPP

Wirtshausführer

Das grüne Schild mit den drei Blättern am Eingang eines Tiroler Wirtshauses lässt den Gast wissen: Hier erwartet dich gepflegte Gastlichkeit. 134 Betriebe dürfen sich zurzeit mit diesem Zeichen schmücken. Ihre Köchinnen und Köche backen und braten, dämpfen und dünsten, rösten und rühren, schmoren und schmelzen, dass selbst verwöhnteste Genießer ins Schwärmen kommen. Von Kaskrapfen über Tiroler Speckforelle bis hin zu Lammrücken mit Petersilienkrustel und Brottorte mit Haselnüssen reicht die Palette.
Drei Maximen haben sich alle Betriebe von Anfang an unterworfen: der Liebe zur Tiroler Kost, der Verwendung frischer Produkte aus Landwirtschaft, Gewässern und Wäldern sowie der Wahrung authentischer Atmosphäre und Architektur. Die Wirtshäuser mit dem grünen Schild sind einer ständigen Qualitätskontrolle unterworfen, die die Einhaltung des umfangreichen Kriterienkatalogs sicherstellt.
Für jeden, der in einen der Mitgliedsbetriebe einkehren möchte, ist der Tiroler Wirtshausführer der ideale Begleiter. Darin stellen sich die Wirtshäuser in Wort und Bild vor, ein beigelegter Faltplan erleichtert das Auffinden auch noch so versteckter „Geheimtipps". Darüber hinaus bietet das Büchlein auch eine Auswahl von 95 Originalrezepten aus Tiroler Wirtshäusern zum Nachkochen.
Kontakt:
tiroler-wirtshaus@utanet.at
www.tiroler-wirtshaus.at

DAS TIROLER WIRTSHAUS
Die ausgezeichneten Betriebe der Tiroler Wirtshauskultur

TIROLER WIRTSHAUS

RESTAURANTS | INNSBRUCK UND UMGEBUNG

Innsbruck
Gasthaus Schießstand

In dem kleinen ruhigen Gasthof am Waldrand wird vornehmlich Hausmannskost angeboten. Sehr gefragt ist bei kundigen Gästen der gebackene Kalbskopf. Viele einheimische Gäste, die auch gerne mal zur Gitarre greifen und für Musik und Unterhaltung sorgen.
(a 1) Schwabeneckweg 7
Mi-So 11-23 Uhr €

Kapeller

Am östlichen Stadtteil Innsbrucks, in Amras, liegt das Wirtshaus Kapeller. Bereits im Jahr 1515 öffnete der Gasthof seine Pforten. Er ist zum Teil noch heute mit dem Interieur aus dieser Zeit möbliert. Auf der Speisekarte gibt es hausgemachte Würste oder Strudel, alle landwirtschaftlichen Produkte kommen von den Amraser Bauern, der Apfelschnaps vom „Hoferbauern" aus dem Ort.
(c 2) Philippine-Welser-Str. 96
Tel. (05 12) 34 31 06
www.kapeller.at
Mo-Sa 11.30-14 u. 18-22 Uhr, Mo Mittag geschl., Ruhetage sind die Sonn- und Feiertage
€€€

Planötzenhof M M M

Einheimische geben dieses Gasthaus nicht gern preis. Wunderschön oberhalb von Innsbruck auf einem Hochplateau gelegen.Die Stadt und das gesamte Inntal liegen dem Gast zu Füßen. Sehr gutes Essen, Produkte aus der hauseigenen Landwirtschaft und günstige Preise. Der Familienbetrieb ist seit Jahren der Geheimtipp unter den Innsbrucker Speiselokalen. Auf der Weide nebenan treffen sich in der Dämmerung die Rehe und lassen sich selbst von impulsiven Beobachtern nicht stören.
(a 1) Planötzenhofstr. 30
Tel. (05 12) 27 40 17
Mo und Do Ruhetag €€

Riese Haymon M M M

Bodenständige Tiroler Kost in einem urgemütlichen Gasthof unterhalb der Bergisel-Schanze am Rande von Innsbruck. Hier kocht der Chef selbst und serviert u. a. Kaspressknödel oder Innsbrucker Herrengröst'l.

Abgegrenzter Kinderspielbereich, Terrasse.
(b 4) Haymongasse 4
Tel. (05 12) 56 68 00
www.riese-haymon.at
täglich ab 10 Uhr €€

(F 4) Innsbruck-Igls
Batzenhäusl M M

Der „Batzen", eine Silbermünze, gab dem ehemaligen Weinhaus vor rund 100 Jahren seinen Namen. Heute ist das Batzenhäusl am Ortsrand von Igls ein kulinarisches Kleinod mit schönem Gastgarten. Viel Hausgemachtes und landwirtschaftliche Produkte aus der Umgebung prägen die Küche. Tipp: Erdäpfelsuppe mit Zieger (Frischkäse) oder Schlutzkrapfen (gefüllte Teigtaschen).
Lanser Straße 12
Tel. (0512) 38 618
www.batzenhaeusl.at
täglich 11-14.30 u. 18-21 Uhr, Betriebsferien: Mitte Okt.-Ende Nov. €€

(E 3) Leutasch
Forellenhof

Vorzügliche Küche. Insbesondere die Zubereitung aller Forellenarten aus der eigenen Fischzucht ist zu loben. Der rund 100 Jahre alte Betrieb wurde kürzlich renoviert, die Gemütlichkeit der alten Stuben blieb erhalten.
Weidach 290
Tel. (052 14) 64 55
forellen.hof@nextra.at
Di-So 11-23 Uhr, Betriebsferien: Mitte Okt.-24. Dez., Anfang April-Pfingsten €€

(F 4) Patsch
Grünwalderhof

Einst diente er den Grafen von Thurn und Taxis als Jagdsitz, heute wird in dem herrschaftliche Gebäude an der alten Römerstraße oberhalb von Innsbruck Tiroler Kost serviert. Gerichte wie das „Salonbeuschel" (Gulasch aus Kalbslunge und -herz) gehören zum Standardangebot. Guter Service, der aristokratische Geist spukt wohl noch durch die Räume.
Römerstraße 1
Tel. (05 12) 37 73 04
gruenwalderhof@magnet.at
tgl. 10-24 Uhr, Betriebsferien: 2 Wochen jeweils im März und Apr.-Okt. und Nov. €€€

(G 3) Volders
Jagerwirt

Einer der ältesten Gastronomiebetriebe der Region (erste urkundliche Erwähnung 1462). Hervorragend ist nicht nur die Küche mit Hausmannskost, sondern auch der Weinkeller. In einem romantischen Gewölbe lagern mehr als 100 ausgesuchte Weine. Der Chef persönlich berät: Die edlen Tropfen sind sein Steckenpferd.
Bundesstraße 15
Tel. (052 24) 525 91
www.jagerwirt-volders.com
Di-So 9-24 Uhr, Mo Ruhetag, Betriebsferien: 3 Wochen im Okt. und die Karwoche €€

CAFÉS | INNSBRUCK

Konditorei Munding

Das älteste Konditorei-Café Tirols (seit 1809 im Familienbesitz) liegt mitten in der Innsbrucker Altstadt. Oberhalb der Gasträume befinden sich die Backstuben, aus der eine ständig wechselnde Auswahl an Wiener Backwaren kommt. Lesungen und Musikabende, beliebte Veranstaltungen im

Aug' in Aug' mit den Bergen sitzen die Gäste im Innsbrucker „Café im Turm" in der Aussichtsplattform der Bergisel-Schanze

Munding, finden in unregelmäßigen Abständen statt.
(b 2) Kiebachgasse 16
Tel. (05 12) 58 41 18
www.mundig.at
täglich geöffnet

Peter's Teahouse
Cafeteria im ersten Stock des historischen Helblinghauses, Klassisches als Hintergrundmusik. Wer das Glück hat, einen Tisch am Fenster zu ergattern, hat einen eindrucksvollen Blick auf das Goldene Dachl. Teeliebhaber können unter etwa 250 Sorten wählen.
(b 1/2) Herzog-Friedrich-Str. 10
Tel. (05 12) 56 05 03
täglich geöffnet

Café im Turm
Das Café befindet sich auf 43,5 Meter Höhe in der Aussichtsplattform der Bergisel-Schanze. Raumhohe Glasfronten bieten einen fabulösen Ausblick, doch nur für Schwindelfreie. Die Einrichtung ist modern und eher kühl.
(b 4) Bergiselweg 3
Tel. (05 12) 58 92 59
www.bergisel.info
tgl. 9-17 Uhr

RESTAURANTS | OBERLAND

(C 2/3) Ehenbichl-Rieden
Kreuz
Der Familienbetrieb, berühmt für das alljährliche „Ganslessen" (26.10.-11.11.), legt Wert auf heimischen Produkte. Tipp: der sagenhafte Lammfleischstrudel. Das Wirtshaus selbst ist urgemütlich.
Rieden 4
Tel. (056 78) 52 02
Mi-So 10-24 Uhr
Betriebsferien: Januar €€

MERIAN | TIPP

Adelshof
Bereits im Jahr 1288 wurde der Hof als „Schwaighof" erstmals erwähnt. Die Küche des Hauses hat sich durch erstklassige Fleischgerichte einen Namen gemacht – Schaf, Rind, Lamm und Schwein kommen ebenso wie sämtliche Milchprodukte aus der Landwirtschaft des Adelshofes. Besonders die Schweinsstelzen mit Sauerkraut und Knödel sind ein Gaumenschmaus. Die eigene Jagd findet auf der Karte in Wildspezialitäten ihren Niederschlag. Im Sommer munden die hausgemachten Mehlspeisen – hier lässt die Wirtstochter ihre Künste walten. Der Adelshof liegt in 1300 Meter Höhe.
(F 4) Birgitz, Adelshof
Tel. (0 52 34) 681 76
tgl. 9-24, im Winter bis 22 Uhr
Betriebsferien: November €

MERIAN | TIPP

Strumerhof
Wie wär's mal mit Unkrautsuppe und danach Lamm im Bergheu? Ungewöhnliche Köstlichkeiten und außergewöhnlicher Service erwarten den Gast bei Wirtin Anna Holzer und ihrer Familie im romantischen Bergbauern-Gasthof auf 1451 m Höhe. Verarbeitet werden einheimische Erzeugnisse, der eigene Garten mit mehr als 50 Kräutern gibt den Speisen Pfiff. Unterhaltsam und lehrreich weiß Anna Holzer zu jedem Gang eine besondere Geschichte zu erzählen. Und vor dem Krapfenessen steht das Krapfenmachen – dabei darf der Gast selbst Hand anlegen. In Großstädten nennt sich so etwas „Event-Gastronomie", hier ist es einfach traditionelle Gastlichkeit.
(L 5) Matrei in Osttirol
Hinteregg 1, Tel. (048 75) 63 10
www.strumerhof.at
tgl. 9-21 Uhr, Betriebsferien: 27. Okt.-25. Dez. und 10.-31. Jan. €€

(B 5) Ischgl
Tannenhof
Der dazugehörige Bauernhof mit Kräutergarten liefert die meisten Zutaten für die bodenständigen Gerichte. Ein besonderer Genuss sind die hausgemachten Joghurts und die selbst gebrannten Schnäpse.
Ebene 101, Tel. (054 44) 54 72
www.gasthof-tannenhof
tgl. 11-24 Uhr €€

(D 4) Umhausen
Veitenhof
Auf 1550 Meter Höhe gelegen, schöner Blick von der Terrasse. In der Küche werden Bio-Produkte und hofeigene Erzeugnisse verarbeitet. So kommen die Forellen aus dem Hausteich frisch auf den Tisch.
Niederthai 10, Tel. (052 55) 55 23
www.vitalhof-veitenhof.com
info@vitalhof-veitenhof.com
€€

(C 4) Zams
Postgasthof Gemse
Einer der ältesten Gasthöfe Tirols. Seit 1726 befindet es sich im Familienbesitz. Chefkoch Seppl Haueis zaubert aus regionalen Produkten Köstlichkeiten.
Hauptpl. 1, Tel. (054 42) 624 78
haueis@aon.at
www.tiscover. at/gemse
Do-Di 10-24 Uhr Betriebsferien im Nov. €€

RESTAURANTS | UNTERLAND

(H 3) Buch bei Jenbach
Esterhammer
Das Wirtshaus wurde bereits 1581 urkundlich erwähnt. Decke und Stühle im Festsaal sind handgeschnitzt. Die Küche bietet solide Hausmannskost, sogar das Brot wird teilweise selbst gebacken. Wunderschön der Gastgarten, wuchtige Kastanienbäume spenden Schatten, und ein Freibad im Obstgarten sorgt für Abkühlung.
Rotholz 362
Tel. (052 44) 622 12
www.tiscover.at/esterhammer
8-23 Uhr, ein wöchentlicher Ruhetag in der Nebensaison (variabel), Betriebsferien: drei Wochen im November €€

(K 2/3) Kirchberg
Kirchenwirt
Wild in allen Variationen ist die Spezialität des Hauses. Kein Wunder: Der Seniorchef ist leidenschaftlicher Jäger, und deswegen kommt neben dem Hirsch auch mal eine Gams oder sogar Schmankerln vom Steinbock auf den Tisch. Und als Mitbringsel für zu Hause kann man selbst gemachte Würste oder Speck kaufen. Gemütliche Stuben zum Verweilen und zum Lauschen der Abenteuer örtlicher Jäger.
Neugasse 14
Tel. (053 57) 28 52
www.kirchenwirt.co.at
kirchenwirt.kirchberg@a1.net
täglich von 8-24 Uhr, Betriebsferien: von Apr. bis Mitte Mai €€

(I/K 2) Kufstein
Zum Bären
Urige Bauernstube und original erhaltenes Eckerlstüberl. Blickt man aus dem Fenster, schaut man auf die imposante Festung von Kufstein. Ein Lob dem Service, der mit Engelsgeduld den Gästen erklärt, was es mit den Köstlichkeiten wie Graukassuppe, Moosbeernocken, Pressknödel auf sich hat.

Verspricht Geselligkeit: Festsaal des „Esterhammer" in Buch

Schinken und Salami kommen oft a

Salurner Straße 36
Tel. (053 72) 622 29
9-24 Uhr, an Sonn- und Feiertagen geschlossen €€

(G/H 4) Tux-Lanersbach
Höllensteinhütte MMM
Hier bekommt man grandiose Speisen serviert, von denen man noch nie etwas gehört hat, wie das „Tuxer Melchermuas" (Mus aus Alpenmilch, Butter, Mehl und Salz). Das Wirtshaus auf 1700 m Höhe ist zudem Tirols höchstgelegenes Bauernmuseum. Im Sommer beliebter Einkehrort von Wanderern, im Winter lockt die beleuchtete Rodelbahn.
Lanersbach 510
Tel. (052 87) 876 96
www.hoellensteinhuette.at
Sommer: Anfang Juni bis Mitte Okt. €€

RESTAURANTS | OSTTIROL

(K 6) Innervillgraten
Gannerhof
Der 200 Jahre alte Hof ist berühmt für seine Lammspezialitäten. Aber genauso gut sind die „Schlipfkrapfen" und die Mehlspeisen. Honig aus eigener Imkerei und Fruchtsäfte aus eigener Abfüllung.
Tel. (048 43) 52 40
www.gannerhof.at
Mi-So 11-24 Uhr, Betriebsferien: Nov.-Mitte Dez. und eine Woche nach Ostern €€

(L 7) Obertilliach
Unterwöger
250 Jahre alter, denkmalgeschützter Gasthof, vorbildlich restauriert mit urgemütlicher

ener Schlachtung

Stube. Schöner Blick auf die Karnischen Alpen. Verarbeitet werden Fleisch- und Fischprodukte aus heimischer Zucht.
9942 Obertilliach, Dorf 26
Tel. (048 47) 52 21
hotel.unterwoeger@tirol.com
tgl. 7-24 Uhr, Betriebsferien: Mai und zwei Wochen im Nov. €€

SZENE

(G 3/4) Hall in Tirol
Kulturlabor Stromboli
Workshops, Musik, Filmfestivals, Konzerte. Hier lernt man Tirols junge Künstler kennen.
Krippgasse 11
Tel. (052 23) 451 11
Do-Di 20-2 Uhr

Innsbruck
Blue Chip
Junges, trendiges Publikum, House-Musik pur.
(b/c 3) Wilhelm-Greil-Str. 17
Tel. (05 12) 56 50 50
täglich ab 21 Uhr

Elferhaus
Partystimmung, gute Barkeeper, Bierspezialitäten aus aller Welt. Am 11. des Monats häufig Live-Musik.
(b 1) Herzog-Friedrich-Straße 11
Tel. (05 12) 58 28 75
täglich 10 bis 2 Uhr

Hofgarten
Szene-Treff Nummer 1, hier werden Feste gefeiert, Grillabende veranstaltet, getanzt oder einfach an den Bars im Garten abgehangen.
(c 1) Rennweg 6a,
Tel. (05 12) 58 88 71
www.hofgarten.net
im Sommer täglich ab 11 ab Okt. Di-Sa ab 18 Uhr, Betriebsferien Jan.-März

(K 3) Kitzbühel
Take Five
Kitzbühels bekanntester Nachtclub. Drei Bars, renommierte DJs legen Soul, Classics und Dancefloor auf. Hoher VIP-Anteil.
Hinterstadt 22
Tel. (053 56) 741 31
täglich ab 22 Uhr

(G/H 3) Schwaz
Kulturcafé Eremitage
Konzertlokal mit gutem Jazzprogramm. Gelegentlich literarische Abende.
Innsbrucker Str. 14, Tel. (052 42) 652 51, www.eremitage.com
Di Ruhetag, sonst wochentags 11-14 und 18-1 Sa und So nur 18-1 Uhr

BERGFÜHRER

Ötzis Erstversorger

Alois Pirpamer befreite die berühmte Gletscherleiche aus dem Eis – wollen Sie mit ihm klettern?

Bergführer Alois Pirpamer

„Jetzt gibt's einen Obstler", kündigt Bergführer **Alois Pirpamer** an, kaum dass der Gipfel erreicht ist. Es ist sein erster Satz seit einer halben Stunde, aber der kommt resolut: Zwei, drei randvolle Gläser muss jeder trinken. Erst dann darf das Alpenpanorama genossen werden. „Fineilspitze, Weißkugel, Königsspitze", erklärt Alois Pirpamer knapp und zeigt auf die schneebedeckten Berge.
Abends, bei Speckknödelsuppe und Lammbraten auf der Berghütte, sagt er mehr: 66 Jahre ist er alt, hat als Pizzabäcker, Skilehrer und bei der Feuerwehr gearbeitet. Den Mount Everest hat er bestiegen, den K2 auch, und auf dem Mount Cook war er eine Woche lang bei Sturm in einer Hütte eingeschlossen. Das außergewöhnlichste Erlebnis aber hatte Alois Pirpamer in seiner Heimat, im Ötztal: Im **September 1991** erzählten ihm Wanderer von einer Gletscherleiche, die ein Nürnberger Ehepaar mittags auf dem Hauslabjoch gefunden hatte. Schnurstracks lief er, damals Bergrettungsobmann, hoch. „Ich hab' den armen Burschen mit Skistock und Spitzhacke aus dem Eis befreit und dann abgedeckt." Alle paar Stunden kam er wieder, um fürsorglich die Plane festzustecken. „Schließlich hat ja auch so eine Leiche noch ihre Würde. Und vor allem könnte zufällig eine Dame vorbeikommen!" Später stellte sich heraus, dass „der arme Bursche" über 5000 Jahre alt war; als **„Ötzi"** wurde er weltberühmt.
Bei der Geschichte von „seinem Ötzi" hat Alois Pirpamer rote Backen bekommen. Er lacht aufgekratzt in die Runde. Jetzt müsse man erst noch eine Runde Obstler trinken und dann das eine oder andere Volkslied am Tresen singen. Und von nun an solle man ihn doch bitte so nennen, wie es alle anderen auch tun: „Luis".

Inka Schmeling

Bergführungen Luis Pirpamer begleitet regelmäßig Gruppen durch die Berge: Er ist im Hotel Post in Vent unter der Telefonnummer **(052 54) 81 19** zu erreichen. Bergführer im Ötztal vermittelt auch die Bergführerstelle Vent: **Telefon (052 54) 81 06, bergfuehrer.vent@aon.at**

Wandern kann man in Tirol natürlich überall. Hier eine Auswahl nach unterschiedlichen Schwierigkeitsgraden.

KITZBÜHELER ALPEN

(I 3) Schafsiedel
Vom Gasthof Wegscheid aus der Beschilderung zur „Neuen Bamberger Hütte" folgen. Von der Hütte Richtung Süden taleinwärts zum „Mittersee-Schafsiedel", dann rechts bergauf Richtung Obersee Schafsiedel. Über eine Steilstufe gelangt man zum Mittleren und zum Oberen Wildalmsee. Die wunderschönen Bergseen sind herrlich zum Baden. Vom westlichen Seeufer erreicht man in steilen Serpentinen den Gipfel des Schafsiedels. Die **mittelschwere** Tour wird mit einem spektakulären Ausblick zur Venedigergruppe belohnt.
Gehzeit: *3,5-4 Std. (nur Aufstieg), gesamt 6-7 Std.*
Höhendifferenz: *1 404 m*

KAISERGEBIRGE

(K 2) Naunspitze
Eine **mittelschwere** Tour. Vom Parkplatz links des Kaiserbaches geht's etwa 280 Stufen hinauf. Der Beschilderung Vorderkaiserfelden folgen. Nach einem steilen Anstieg wird die Rietzaunalm erreicht. Auf dem Fahrweg weiter zur Vorderkaiserfelden Hütte (1388 Meter). Hinter der Hütte Richtung Norden über einen Steig aufwärts zum Gipfel der Naunspitze (1633 Meter). Von dort aus herrliche Ausblicke auf Kufstein und das Inntal.
Gehzeit: *2,5 Std.(nur Aufstieg), gesamt 4 -5 Std.*
Höhendifferenz: *1135 m*

LECHTALER ALPEN

(C 3/4) Vordere Platteinspitze
Von der Obermarkter Alm geht's zur Latschenhütte. Hier rechts bergauf durch lichten Wald zu den Platteinwiesen. Weiter über die mit Eisenfähnchen gut markierte Platteinwiese zu den ersten Felsausläufern. Durch einen schmalen Einschnitt und über einen Schotterpfad bis zum ersten Aussichtspunkt. Nun ein kurzer Quergang, zuletzt durch mehrere mit Stahlseilen versicherte Rinnen hinauf zum Gipfel. Wunderbarer Blick in die Lechtaler Alpen und zum Zugspitzmassiv. Während der untere Teil leicht zu bewältigen ist, erfordert der Aufstieg zum Gipfel Trittsicherheit.
Gehzeit: *2,5-3 Std. (nur Aufstieg), gesamt 5-6 Std.*
Höhendifferenz: *1 050 m*

NORDKETTE

(F/G 3) Lattenspitze
Die **mittelschwere Tour** beginnt neben dem Schlosshof oberhalb von Thaur. Der Beschilderung zur Thaurer Alm folgen, kurz unterhalb der Hütte dem Waldsteig bergauf bis zum so genannten Schlung folgen. Dann Richtung Törl (1773 Meter). Hier ist der erste Aussichtspunkt mit Blick ins Halltal. Weiter geht's bis unter die Wildangerspitze. Der letzte Anstieg zur Lattenspitze ist steil.
Gehzeit: *3,5-4 Std. (nur Aufstieg), gesamt: 6-7 Std.*
Höhendifferenz: *1470 m*

ÖTZTAL

(D 6) Wildspitze
Eine Zwei-Tageswanderung, die **nur mit Hochtourenausrüstung** zu bewältigen ist. Der erste Aufstieg führt über nicht allzu steile Grashänge bis unter das Rofenkar. Hier über den Bach und steiler in Serpentinen aufwärts zur Breslauer Hütte (2840 Meter), dem Hauptstützpunkt für die Besteigung der Wildspitze (3768 Meter). Am nächsten Tag geht es über den Steigweg auf den Mitterkarferner. Von dort umgeht man den Sporn der Wildspitze. Über die sehr steile Mitterkarscharte erreicht man

Für Geübte: Klettertour auf die Wildspitze

das Mitterkarjoch. Durch den steilen und von Spalten durchsetzten Hang gelangt man zum Gipfel, dem höchsten Punkt Tirols. Rundum das Panorama der Ötztaler Bergwelt.
Gehzeit: *1,5 Std. bis zur Breslauer Hütte, 3-3,5 Std. bis zur Wildspitze, Gesamt: 5-6 Std.*
Höhendifferenz: *Breslauer Hütte 460 m, Wildspitze 930 m*

STUBAITAL

(F 5) Kirchdach

Diese Tour **für Geübte** führt auf das 2840 Meter hohe Kirchdach. Von Trins im Gschnitztal aus geht's über Wald und Wiese hinauf zum Padasterjochhaus. Dann die Hänge querend (nach Süden auf eine Schulter oberhalb des Padasterjochs durch steile Hänge) aufwärts in den Sattel zwischen Hammerspitze und Kirchdach. Über den 400 Meter hohen Nordostgrat wird der Gipfel erreicht. Der letzte Teil ist mit neuen Seilsicherungen versehen.
Gehzeit: *Gipfel 4,5-5 Std. (nur Aufstieg), gesamt 7-8 Std.*
Höhendifferenz: *1560 m*

TUXER ALPEN

(G 4) Wetterkreuz

Diese **leichte Tour** ist auch mit Kindern zu bewältigen. Von Navis oberhalb der Grünhöfe der Beschilderung zur „Seapnalm" folgen, dann auf dem Fahrweg bleiben bis zu einem Marterl am Wegesrand. Kurz vorher links über die Wiese den Waldsteig Nr. 22 empor, der zum Pfoner Kreuzjöchl führt. Bei der Seapnalm geht's hoch zum Gipfel, der eine herrliche Rundsicht bietet.
Gehzeit: *2-2,5 Std. (nur Aufstieg), gesamt: 3,5-4 Std.*
Höhendifferenz: *650 m*

MERIAN TIPP

Großer Tauern-Treck

Eine dreitägige Wander- und Klettertour durch das Hochgebirge des Venedigermassivs im Nationalpark Hohe Tauern. Unter der Leitung zweier Bergführer und in Begleitung zweier Haflingerpferde, die dankenswerterweise Gepäck und Verpflegung transportieren, startet der Treck im Osttiroler Gebirgsdorf Gruben (1100 m) an der Felbertauernstraße. Auch ohne Rucksack kein Sonntagsspaziergang, geht es doch schon am ersten Tag über Almen und Gletschermoränen zum Knappenhaus auf 2520 m. Übernachtet wird im Zelt auf Strohlagern. Am zweiten Tag führt der Weg zunächst 300 Höhenmeter hinab ins Froßnitztal, bevor ein steiler Anstieg bis zur urgemütlichen Badener Hütte (2 608 m) zu bewältigen ist. Nach Rast und Stärkung geht's von hier Richtung Kristallwand auf über 3 000 m. Übernachtet wird in der Badener Hütte auf Matrazenlagern. Die Tour endet nach dem Abstieg am nächsten Tag in Innergschlöß. Rund 40 Kilometer und 4200 Höhenmeter in fantastischer Hochgebirgsnatur.

Kosten *Erwachsene zahlen für den dreitägigen Treck 255 € Kinder (10-15 Jahre) 203 €.*

Kontakt: Osttirol Werbung
Albin-Egger-Str. 17, A-9900 Lienz, Tel. (048 52) 653 33
info@osttirol.com

MERIAN | TIPP

Blondinen Ski-WM
Blond, sportlich und dazu noch flott auf den Brettln unterwegs? Dann nichts wie hin zum verrücktesten Skirennen des Winters: Diese Eigenschaften sind nämlich die besten Voraussetzungen für eine erfolgreiche Teilnahme an der Blondinen-Ski-Weltmeisterschaft, die im Dezember in Söll (I/K 2) über die Bühne geht. Wer am sportlichen Wert der Veranstaltung zweifelt, sei gewarnt: Natürlich steht der Spaß im Vordergrund, aber beim Kampf um die Spitzenplätze geht es durchaus ernst zur Sache. Schließlich wartet auf die Siegerin eine Flugreise nach Schweden.

Tourismusverband Söll
(Tel. 053 33/52 16)
www.blondinenwm.at

BALLONFAHREN

Ballooning Tyrol
Tel. (06 64) 342 01 15
www.balooningtyrol.com

Alpin Consult
Innsbruck
Kaiser Josef-Str. 3
Tel. (05 12) 57 72 48
www.nairz.at *ab 300 €*

BOBFAHREN

mit einem erfahrenen Piloten

(F 4) Innsbruck-Igls
Olympia Bobbahn Igls
Tel. (06 76) 883 38-270
www.olympia-innsbruck.at
Dez.-Feb. nach Vereinbarung. Preis: 30 € pro Person ab 14 Jahre.

(F 5) Trins
Knauseder Event Concept
Tel. (052 75) 53 86
www.sommerbobrunning.at
Mai-Sep., Einzelpersonen Do/Fr 16-18 Uhr Preis: 22 €, Gruppen ab 20 Personen nach Vereinb.

Klettertraining des Österreichischen Alpenvereins Innsbruck im Kletterg

BUNGEE

für alle, die sich in Tirol einfach mal fallen lassen möchten:

(F 4) Schönberg im Stubaital
Europabrücke
an der Brennerautobahn bei Innsbruck (Gemeinde Schönberg). Der freie Fall am Gummiseil ist 192 m tief.
Infos: Tel. (03 16) 68 87 77
www.europabruecke.at
Saison: Ende Mai - Anfang Okt. jeweils Sa/So, Preis: 120 €

(C/D 4) Arzl im Pitztal
Pitztal Bungy
Leins 73, Tel. (054 12) 615 71
www.pitztal-bungy.com *ab 80 €*

EISWANDERN

Im Juli und August werden am Stubaier Gletscher kostenlos geführte Eiswanderungen auf 3000 Meter Höhe angeboten. Für Jedermann, doch Alpinausrüstung erforderlich. (E 5)
Infos: Tel. (06 64) 394 40 42
www.stubaier-gletscher.com

EISKLETTERN

(D 5) St. Leonhard im Pitztal
Club Alpin Pitztal
Tel. (054 13) 850 00
www.club-alpin-pitztal.at
Preise: Schnupperkurs 44 € Wasserfallklettern ab 80 €

(F 4) Fulpmes
Bergsteigerschule Stubaital
Tel. (052 25) 634 90
www.bergsteigen-stubaital.at
Preise: Schnuppertag ab 80 €

(F 3/4) Innsbruck
Avventura Donna
Bergsteigerschule nur für Frauen.
Tel. (06 64) 104 43 51
www.avventura-donna.com
Preise und Termin auf Anfrage

FLOSSFAHRTEN

Floßfahrt auf dem Inn
www.flossfahrt.at
Mai-Okt., jeden Donnerstag in Innsbruck von Kranebitten zum Löwenhaus. Preis: 20 €, oder Mai-Sept., jeden So ab Silz (D 4). Mindestteilnehmerzahl 25 Personen): 55 € incl. Verpflegung und Musik

FALLSCHIRM-SPRINGEN

Tandemfallschirmsprünge (auch für Anfänger) organisiert:

(H 3) Radfeld
1. Tiroler Fallschirmspringerclub
Tel. (06 64) 300 36 34
www.mytandem.info
Mai-Okt. 195 €

…n Höttinger Steinbruch

GOLF

Es gibt mehr als ein Dutzend Golfclubs in Nord- und Osttirol (www.golf-alpin.at). Eine Auswahl:

(M 6) Lavant
Dolomitengolf
Am Golfplatz, Tel. (048 52) 721 00, www.dolomitengolf.at
Greenfee: ab 50 € wochentags, sonst: 55 €, Saison: März bis Anfang November.

(K 2/3) Kitzbühel
Golf- und Landclub Rasmushof
Tel. (053 56) 65 25 20
www.rasmushof.at
Greenfee: 25 € wochentags sonst: 35 €, Saison: Apr.-Okt.

(H 2) Achensee
Golf- und Landclub Achensee
Tel. (052 43) 53 77
www.golfclub-achensee.com
Greenfee: 38 € wochentags, sonst: 43 €.

(F 3/4) Innsbruck
Indoor-Golfhalle
In Innsbruck gibt es eine große Indoor-Golfhalle mit Driving Range, 10 Abschlagmatten und Putting Green.
Infos: Tel. (06 64) 543 57 59

HOCHSEILGARTEN

(B 5) Ischgl
Funsportcity Ischgl
Tourismusverband
Tel. (054 44) 52 66 18
www.ischgl.com
Preis: 44 €, Gruppenermäßigungen

NATURRODELN

In Tirol gibt es etwa 230 Rodelbahnen, davon sind ca. 80 beleuchtet. Infos über organisierte Rodelabende mit Transfer: Tirol Info
Tel. (05 12) 72 72, www.tirol.at
Zwei empfehlenswerte Bahnen:

(F 4) Birgitz
Birgitzer Alm, Höhendifferenz: 948 m, Länge: 10 000 m
Tel.(06 64) 548 75 20
www.innsbruck-tourismus.com/birgitz

(H 4) Hainzenberg
Am Hainzenberg befindet sich mit 7 km die längste Rodelbahn des Zillertals (bis 1 Uhr beleuchtet).
Info: Tel. (05282) 7165-226
www.zillertalarena.com
täglicher Betrieb, Erwachsene: ab 5,40 €, Kinder: 2,70 €

MOUNTAINBIKING / RADFAHREN

Mehr als 3800 Kilometer Mountainbiker-Routen und 750 Kilometer Radwanderwege von leicht bis schwer.
Karten und Details unter www.tirol.gv.at/themen/sport/radfahren
Empfehlenswerter Mountainbike-Tourenanbieter:

(K 2/3) Kirchberg
Bike Academy
Tel./Fax (053 57) 352 18
www.bikeacademy.at
Touren und Fahrtechnik-Training ab 19 €

PARAGLIDING

Ohne Vorkenntnisse kann man per Tandemflug mit einem erfahrenen Piloten talwärts gleiten. Information und Buchung:
www.tirol.com/mountainfly
oder direkt bei:

(F 4/5) Neustift im Stubaital
Flugschule Parafly
Moos 18, Tel. (052 26) 33 44
www.parafly.at
Preis Tandemflug: 100 €

(L 2) St. Johann in Tirol
Mountain High
Tel. (053 52) 621 01
www.mountain-high.at
Preis Tandemflug: 98 €

MIT KINDERN UNTERWEGS

Lauter Überraschungen

Entdecken, staunen, mitmachen: Tipps für draußen und drinnen. Für Kinder – und Eltern

Klettern bringt fast allen Kindern Spaß

(E 3) Leutasch
Adventure Parcour
Für die Abenteurer von morgen. Klettern, eine Schlucht überqueren, einen Überhang per Seil überwinden – und auf den Spuren von Robin Hood das Bogenschießen üben.
Tel. (052 14) 5152
Mindestalter: 10 Jahre, Preis: 46 €

(D 4) Längenfeld **Oetztaler Funpark**
Ein Schlaraffenland für Kinder: Indianer-Camps, Staumauern bauen, ein Bauerhofbesuch oder einfach nur Trampolin springen, klettern, rutschen.
Tel. (052 53) 649 49, www.oetztaler-funpark.at *täglich geöffnet Eintritt: im Sommer 4 € pro Kind, Begleitperson gratis*

(M 6) Lienz **Moosalm**
Schon die Anfahrt ist ein Erlebnis: Mit dem Doppelsessellift geht es hinauf zur Moosalm oberhalb der Stadt. Schafe, Miniaturpferde, Ziegen, Meerschweinchen und Hängebauchschweine können von den kleinen Gästen gefüttert und gestreichelt werden. Gleich nebenan gibt es einen tollen Waldspielplatz.
Info Tel. (048 52) 638 37 *Mitte Mai-Ende Sept., Eintritt frei*

(H 3) Schwaz **Planetarium**
Verschiedene kindgerechte Aufführungen, die unser Sonnensystem, den Tages- und Jahresablauf der Sterne erklären.Künstlich erzeugter Sternenhimmels in einer Projektionskugel von acht Metern Durchmesser.
Alte Landstr. 15, Tel. (052 42) 721 29, www.planetarium-schwaz.at, *geöffnet: Jan.-Nov.: Mi, Sa, So und feiertags um 16 Uhr, Fr und Sa auch 20 Uhr. Eintritt: Erwachsene 7 €, Kinder (4-16 Jahre) 4 €*

(D 4) Längenfeld-Winklen **Wasserpark Winklbergsee**
Hier müssen die Knirpse eine Wanderung von rund eineinhalb Stunden auf sich nehmen. Keine Angst, der Weg ist spannend. Man passiert einen Tier- und Geolehrpfad, eine Hexenhöhle, eine kleine Holzhütte mit elektrischem „Innenleben", sorgt für Aufregung. Dann kommt der Wasserpark: Ein Bach treibt Mühlräder an, ein abenteuerlicher Pfad führt durch den See, ein Hochstand lädt zum Kraxeln ein – es gibt eine Menge zu entdecken. Da es wohl oder übel eine nasse Angelegenheit werden wird, sollte Ersatzkleidung im Rucksack sein.
Info Tel. (052 32) 52 07 *Eintritt frei*

(H 3) Kramsach **Museum Tiroler Bauernhöfe**
In 13 original erhaltenen Bauernhöfen mit frei laufenden Tieren wird kindgerecht gezeigt, wie man früher in Tirol lebte.
Tel. (053 37) 626 36, www.museum-tb.at
Apr.-31. Okt. tgl. 9-18 Uhr, Eintritt: Erwachsene 5,50 €, Kinder bis 10 Jahre 2,20 €, Jugendliche bis 18 Jahre 2,60 €

(C 2) Tannheim
Flugschule Tannheimer Tal
Tel. (06 64) 33 821 63
www.members.aon.at/flugschule
Preis Tandemflug: 100 €

RAFTING & CANYONING

Mit Schlauchbooten durchs Wildwasser und angeseilt durch tiefe Schluchten

(D 4) Sautens
Harald Frischmann
Tel. (052 34) 681 00
www.wildlife.at
Rafting: ab 411 € (inkl. Leihausrüstung), Canyoning: ab 71 €

(M 6) Ainet
Osttirol Adventures
Tel.(06 64) 356 04 50
www.osttirol-adventures.at
Schnuppertouren für Canyoning-Einsteiger: ab 45 €

(B/C 3) Häselgehr
Lechtaler Wildwasserschule
Tel./Fax (056 34) 63 04
www.fun-rafting.at
Rafting ab 40, Canyoning ab 59 €

(C 2) Höfen
Bergführerbüro Jörg Brejcha
Tel. (056 72) 656 59
www.alpin-sport.at
Canyoning ab 45 €

(C 4) Landeck
Sport Camp Tirol
Tel. (054 42) 646 36
www.sportcamptirol.at
Rafting ab 22,Canyoning ab 54 €

(D 4) Oetz
Kajak- und Raftingschule Ötztal
Tel. (052 52) 67 21
www.rafting-oetztal.at
Rafting ab 58 €, Canyoning ab 71 €

SKI & SNOWBOARD

Von den 80 großen Skigebieten verfügen 75 über Beschneiungsanlagen. Es gibt insgesamt 3500 km präparierte Pisten. Fünf Gebiete sind ganzjährig geöffnet. Weltbekannt ist der Arlberg, Kitzbühel, Ischgl, Seefeld, Ötz-, Stubai- und Zillertal. Wer es lieber ruhiger mag, sollte auf Serfaus, Kaiserwinkl, Axamer Lixum und Glungezer ausweichen. Die Qual der Wahl unter **www.tirol.at**

SKISPRINGEN

Wer Sven Hannawald und Martin Schmitt nacheifern möchte, kann dies bei:

(G/H 3) Pertisau
Sport Wöll
Tel. (052 43) 58 71
www.sportwoell.at
3 Tage ab 390 €

REITEN

(L 5) Kals am Großglockner
White Eagles 1.Mountain Riding Center Austria
Tel. (048 76) 84 50
www.white-eagles.at.gs
10 Tage Wanderritt ab 413 € inkl. Unterkunft und Extras wie Raftingfahrt

TAUCHEN

Geführte Tauchgänge in diversen Tiroler Seen organisieren:

Tauchen in Tirol
Tel. (05 12) 39 34 84
www.tauchen-in-tirol.at
Preis: ab 25 € ohne Ausrüstung.

Tauchschule Diver's Paradise
Tel. (06 64) 113 44 59
www.divers-paradise.at

Guten Rutsch! Canyoning im Ötztal

Die Gütesiegel für kulinarische Genüsse und Gastlichkeit in den Regionen Tirols.

TIROLER WIRTSHAUS

TIROLER WIRTSHAUS

URLAUB MIT TRADITION

Tirol

Tiroler Gastfreundschaft erleben

Bodenständig, echt und urtümlich
Unter dem grünen Wirtshausschild sind derzeit 136 Tiroler Betriebe zusammengefasst, die alle die Liebe zur Tiroler Kost, die Frische der verwendeten Produkte aus Landwirtschaft, Gewässern und Wäldern das besondere Augenmerk auf authentische Atmosphäre und Architektur verbindet.

Die Gaumenfreuden im Tiroler Wirtshaus sind so vielfältig und abwechslungsreich wie die Produkte der Saison, gepaart mit der Kochkunst und Fantasie der Köchinnen und Köche. Das grüne Wirtshaus-Schild am Eingang jedes Mitgliedsbetriebes ist längst zur Marke geworden und lässt den Gast wissen:
„... hier erwartet Sie gepflegte Tiroler Gastlichkeit!"

Das breit gefächerte Angebot reicht vom Ausflugs-Wirtshaus mit frischem Almkäse und selbstgebackenem Brot über historische Dorf-Wirtshäuser mit gotischem Gewölbe, bis hin zum Gourmet-Wirtshaus mit Fünf-Gang-Symphonie. Dieser gute Ruf wird durch ständige interne Qualitätskontrollen gewahrt.

Der aufwendig in buchform gestaltete Wirtshausführer mit 195 Seiten versteht sich als kulinarischer Reiseführer durch das Land Tirol und stellt gleichzeitig ein original Tiroler Kochbuch dar.

Wohnen und genießen
„Urlaub mit Tradition" nennt sich die Hotelangebotsgruppe deren wichtiges Kriterium unter anderem die Mitgliedschaft im Verein Tiroler Wirtshauskultur ist. Die Ferienhotels der 3- und 4-Sterne Kategorie überraschen mit gepflegter Küche und zeigen einmal mehr bewahrte Tiroler Urlaubskultur. Das Bettenangebot vereint zeitgemäßen Standard mit Tiroler Gemütlichkeit.

Jede Wirtsfamilie hält ganz persönliche Urlauberlebnisse und Pauschalangebote bereit. Eine Sonnenaufgangstour mit dem Gastgeber oder ein Nachmittag mit ofenfrischem Strudel sind nur einige Auszüge aus dem vielfältigen Freizeitangebot.
Besonders am Herzen liegt den „Urlaubswirten" die persönliche und familiäre Betreuung, sowie die Einbindung der Gäste in Kultur und Tiroler Lebensraum.

Info

„Verein Tiroler Wirtshauskultur"
Obere Feldgasse 4,
A-6500 Landeck,
info@tiroler-wirtshaus.at
www.tiroler-wirtshaus.at
Bestellen Sie den 195 Seiten starken detaillierten Führer **„Das Tiroler Wirtshaus"** zum Preis von Euro 8,- zzgl. Versandkosten bestellen.

„Urlaub mit Tradition" Fordern Sie unseren Häuserkatalog an! KOSTENLOS!
Mühlbachweg 8, A-6600 Lechaschau,
Tel: +43 / 5672 / 71 079, Fax: 73 268
office@agentur-singer.at
www.urlaubmittradition.com

MERIAN | TIPP

Hochsaison für Enzianjäger

Schnaps aus Enzianwurzeln: Nach einer uralten Tradition darf im Tiroler Ort Galtür ab 1. Oktober wieder gegraben werden.

Ausgangsprodukt des heilkräftigen, würzigen Enzianschnapses ist nicht etwa der auf vielen Flaschen mit „Original Enzian Schnaps" fälschlicherweise abgebildete Blaue Enzian. Es sind vielmehr die Wurzeln des Gelben Enzians (gentiana lutea), der in den Bergen rund um Galtür reichlich wächst. Nicht zuletzt wegen vernünftiger Selbstbeschränkung: Nur 13 Galtürer dürfen jedes Jahr nach den begehrten „Wurzn" graben, die Rechte werden verlost. Pro Kopf sind höchstens 100 Kilogramm erlaubt, daraus gewinnt man gerade mal sechs Liter des begehrten Elixiers. Gegraben wird erst nach dem 1. Oktober, wenn sichergestellt ist, dass die Samen gefallen sind. Das „Wurzn" auf 2000 bis 2500 Meter Seehöhe ist eine harte Arbeit mit dem Pickel, für die man meist die Hilfe von Verwandten und Bekannten nutzt. Fast noch mühsamer ist dann das Putzen der bitteren Wurzeln mit Bürste und Wasser. Schon im 16. Jahrhundert wurde das Enzian-Graben um Galtür urkundlich erwähnt. Am Ende des vorigen Jahrhunderts mussten sich die Einheimischen das Recht wieder erkämpfen: Die Naturschutzbehörde verbot das Graben. Die Gemeinde wandte sich an den Verfassungsgerichtshof, und dieser verfügte salomonisch, dass auf Probeflächen im Lauf von fünf Jahren beobachtet werden sollte, wie sich das Graben auf Enzian-Pflanzen auswirkt. Das Ergebnis: Beim „Wurzn" nach Galtürer Art gedieh der Gelbe Enzian prächtig, die Naturschutzbehörde hob das Verbot auf.

Informationen:
(A 5) Tourismusverband Galtür
Tel. (054 43) 85 21
Fax 85 21 76
www.galtuer.com

Fingerschmuck aus Gold und Silber

INNSBRUCK

Goldschmiede Bliem

Filigrane Goldschmiedearbeiten, darunter wunderschöne Edelweißschmuckstücke aus Silber. Interessant: Man kann sich die Arbeitstechniken im Geschäft demonstrieren lassen.
(b 1) Goldenes Dachl Haus
Herzog-Friedrich-Straße 15
Tel. (05 12) 58 27 99
www.edelweiss-tirol.com
Mo-Fr 10-18, Sa-So 10-16 Uhr

Pfeifendesign Lorenz

Ein kleiner silberner Punkt ist sein Markenzeichen. Ludwig Lorenz ist einer der letzten Pfeifenmacher in Europa. Etwa 400 Stück schnitzt und poliert Meister Ludwig pro Jahr. Dafür kann der stolze Besitzer sicher sein, dass sein Exemplar einzigartig auf der ganzen Welt ist.
(c 2) Meinhardstraße 13
Tel. (05 12) 58 11 08
www.pfeifen-lorenz.com
Mo-Fr 9-12.30 Uhr und 14.30-18 Uhr

S'Speckladele

Hier hängt der Himmel voller Würste und Schinken. Gerade mal vier Menschen passen in den kleinen Laden, deshalb hängt die Ware auch unter der Decke. Eine Spezialität sind die „Mini-Teufel".
(b 2) Stiftgasse 4
Tel. (05 12) 57 65 80
Di-Fr 9.30-18.30 Uhr und Sa 9-15 Uhr

Tiroler Heimatwerk

Klassische Tracht und Dirndl, exklusive Tischwäsche und stilvolles Kunsthandwerk, Trachtenstoffe und Zubehör, Geschenkartikel aus Holz, Schmiedeeisen, Keramik und Zinn – ein breites Sortiment an Tiroler Heimatwerken.
(b 2) Meraner Straße 2-4
Tel. (0512) 58 23 20
www.tiroler.heimatwerk.at
Mo-Fr 9-13 und 14-18 Uhr
Sa 9-17 Uhr

Swarovski Crystal Gallery

Nach Filialen in Hongkong, Paris, London und anderen Metropolen eröffnete die Firma Swarovski 2001 in Innsbrucks Altstadt ihren weltweit größten Shop. Auf 700 Quadratmetern Verkaufsfläche werden alle Produktlinien des Wattener Kristallherstellers stilvoll präsentiert.
(b 2) Herzog-Friedrich-Str. 39
Tel. (05 12) 573100
www.swarovski.com
Mo-Fr 8-18 und Sa 8-17 Uhr

OBERLAND

(C 4) Landeck
Schokolade

Süße Leckereien vom Feinsten, beispielsweise Tiroler Edelschokolade, mit einer Füllung aus Traminer Beerenauslese, aber auch Trüffeln und Pralinen gibt es in der Konditorei von Hansjörg Haag.
Maisengasse 20
Tel. (054 42) 623 28
www.edelschokolade.at
Mo-Fr 7-19.30, Sa 7-13 Uhr
So 13-18 Uhr

(D/E 3) Stams
Kloster-Schnaps

Ein Geheimtipp für Tiroler „Feuerwasser" ist das Zisterzienserstift Stams. Beten und Brennen scheinen sich hier vortrefflich zu ergänzen. Besonders stolz sind die Mönche auf ihren Nusslikör, dessen Rezept sie aber als „Klostergeheimnis" nicht preisgeben.
Zisterzienserstift Stams
Stiftshof 1, Tel. (052 63) 55 73
www.stiftstams.at
Klosterladen geöffnet: Mo-Fr 9-12, 14-17 Uhr, Sa 9-12 Uhr
So und feiertags 13-17 Uhr

UNTERLAND

(H 3) Stumm im Zillertal
Federkielsticker Stiegler

Alexander Stiegler ist einer der letzten Federkielsticker Österreichs. Seine Familie betreibt die selten gewordene Handwerkskunst seit sechs Generationen. Das am häufigsten hergestellte Produkt ist der Zillertaler Ranzen (Trachtengürtel). Aber auch Handtaschen, Glockenriemen, Gewehrriemen, Schuhe, Speisekarten oder neuerdings Ziffernblätter von Uhren schmückt Stiegler mit seinen Stickereien.
Ahrnbachstraße 1
Tel. (052 83) 28 17
www.federkielstickerei.at
geöffnet nach Vereinbarung

(H 3) Fügen
Gamsbartbinder Hauser

Mit dem Gamsbartbinden beherrscht der 54-jährige Josef Hauser ein selten gewordenes Handwerk. Die rund 20 Zentimeter langen Haare eines frisch erlegten Gamsbocks bindet er zu einem Gamsbart. Dieser wird am Hut befestigt und zur Zierde nach oben gerichtet getragen.

Niederhart 126
Tel./Fax (052 88) 620 12
www.ferienhof-hauser.at
geöffnet nach Vereinbarung

(L 2) St. Johann in Tirol
Lederlinie Ritsch
Einer der ganz wenigen Betriebe, in denen die Lederhose noch in Handarbeit und nach Maß angefertigt wird. Im Familienbetrieb Ritsch wird vom Gerben des Fells bis zur letzten Naht alles selbst gemacht.
Innsbrucker Str. 9
Tel. (053 52) 62 333
andreas.ritsch@aon.at
Mo-Fr 9-12 und 14-18 Uhr
Sa 9-12 Uhr

(H 3) Kramsach
Prügeltorten Mader
Die Prügeltorte, mundartlich „Prigltuscht'n" sowie in der nobleren Art „Baumkuchen" genannt, ist eine Spezialität der Konditorei Mader im Brandenbergtal.
Winkl 63
Tel. (05 337) 649 77
Mo-Fr 8-18.30, Sa 8-17 Uhr

(H 3) Brixlegg
Trachten Giesswein
Traditioneller Tiroler Kleidungsstil verbunden mit modernen Elementen. Klassiker sind Giessweins kuschelige Hüttenschuhe und die Walkjacken.
Niederfeldweg 5-7
Tel. (053 37) 613 50
Mo-Fr 9-18 Uhr und
Sa 9-13 Uhr

OSTTIROL

(K 5) Innervillgraten
Bauernladen
Naturprodukte rund um Schaf und Ziege – von Wollsocken über Lammfleich und Ziegenkäse bis hin zu Dämmstoffen für den Hausbau.
Alleestraße 9
Tel. (048 43) 55 20
www.villgraternatur.at
Mo-Fr 9-12 und 15-17 Uhr,
Sa 9-12 Uhr

(L 5) Matrei
Metzgerei Mühlstätter
Die einzige Fleischerei Osttirol mit eigenem Schlachthof wartet mit einer besonders herzhaften Spezialität auf: in der Höhenluft getrocknetem Schinken und Speck vom Rind, Hirsch, Lamm, Wildschwein und Gams. Das so genannte Mühlstätter Henkele ist besonders lecker und wird mit Wein, Käse und einem frischen Bauernbrot genossen.
Rauterplatz 7
Tel. (048 75) 64 64
Mo-Fr 7.30-12.45 und 15-18
Sa 7.30-12.30 Uhr

RÜCKBLICK

Der unbequeme Held

Bauernführer Michael Gaismair war der große Sozialrebell in der Geschichte Tirols

Bauernführer Michael Gaismair (1491-1532)

Arm, hungrig, rechtlos – die Lage der Landbevölkerung zu Beginn des 16. Jahrhunderts war überall in Europa trostlos. In Tirol waren die Bauern rechtlich zwar besser gestellt als anderswo, in der Praxis bedeutete das aber nicht viel. Nach dem Tod Kaiser Maximilians erhöhte Landesfürst Ferdinand I. die ohnehin erdrückenden Abgabenlasten und beschnitt die Rechte der Ständevertretung. Bauernaufstände waren die Folge. In Brixen arbeitete derweil der hochgebildete Sohn eines wohlhabenden Bauern aus Tschöfs als Sekretär des verhassten Fürstbischofs. Sein Name: **Michael Gaismair.** Täglich wurden ihm Willkür und Ungerechtigkeit der Herrschenden vor Augen geführt. Überzeugt von den Ideen der Reformation entwickelte sich in ihm ein soziales Gewissen.

Als in Brixen 1525 der **Bauernaufstand** entbrannte, wurde Gaismair von den Aufständischen zum **Obersten Feldhauptmann** gewählt. Gaismair war anfangs ein moderater Reformer. Er akzeptierte die Autorität der Regierung und verhandelte mit dem Landesfürsten Ferdinand I. über die rechtliche Gleichstellung aller Stände. Der Bauernführer merkte jedoch bald, dass die Regierung Ferdinands nur auf Zeit spielte und eine neue, mehr Rechte gewährende Landesordnung nur zum Schein verabschiedete.

Während erneuter Verhandlungen wurde Gaismair verhaftet, konnte jedoch nach kurzer Gefangenschaft in die Schweiz fliehen. Dort entwickelte er 1526 eine radikale Tiroler Landesordnung. Klerus und Adel sollten entmachtet, die Regierung vom Volk gewählt und Handel und Bergwerke verstaatlicht werden. Gaismair wollte Gemeinschaft vor Besitz stellen, die Abgaben an Kirche und Adel dazu verwenden, eine **soziale Grundsicherung** für alle zu schaffen. Für viele Historiker ist diese Forderung das bedeutendste revolutionäre Programm der Bauernkriege.

Es gelang Gaismair jedoch nicht, einen Volksaufstand in Tirol auszulösen. Er musste nach Venetien fliehen. Ein Kopfgeld wurde auf ihn ausgesetzt, und 1532 wurde er in Padua ermordet. Jahrhundertelang war sein Name vergessen; weder Kirche noch Habsburgern lag daran, dass man sich an Michael Gaismair und seine Ideen erinnerte. Erst die jüngere Geschichtsschreibung hat ihn wiederentdeckt.

Römer und Bajuwaren

15 v. Chr. Tiberius und Drusus erobern das Alpengebiet und gründen die Provinz Rätien, zu der ein Großteil des heutigen Tirol zählte.
550-600 Bayern stoßen ins Inntal und über den Brenner vor.

Tiroler Grafen

12. Jh. Aufstieg der Grafen v. Tirol und der Grafen v. Andechs
1180 Gründung Innsbrucks. durch den Grafen von Andechs
1248 Kern des heutigen Tirol erstmals unter einer Herrschaft (Graf Albert von Tirol).
1258-1295 Graf Meinhard II. von Tirol-Görz vollendet die Einheit Tirols.
1335 Margarethe Maultasch erbt die Grafschaft Tirol.

Margarethe Maultasch beim Ballspiel (Wandmalerei, 14. Jh.)

1363 übergibt sie im Einverständnis mit den Vertretern der Bevölkerung Tirol an Herzog Rudolf IV. v. Habsburg.

Habsburger Herrschaft

1406 Tirol wird ein selbstständiges habsburgisches Landesfürstentum.
1490-1519 Maximilian I. erbaut das Goldene Dachl.
1525 Bauernaufstand.
1526 Michael Gaismair entwirft eine revolutionäre demokratische Landesordnung.
1532 Ermordung Gaismairs.
1665 Nach dem Aussterben der Tiroler Habsburger übernimmt Kaiser Leopold I. die Regierung.
1669 Gründung der Innsbrucker Universität.
1703 Missglückter Einfall der Bayern im Verlauf des Spanischen Erbfolgekrieges.
1796 Abwehrkampf gegen französische Truppen.
1805 Österreich muss Tirol und Vorarlberg an Bayern abtreten (Friede zu Preßburg).

Freiheitskampf

1808 Neue bayrische Verfassung beseitigt Ständevertretung und Landesrechte.
1809 Aufstand der Tiroler gegen die bayrische Herrschaft. Mehrmalige Befreiung und Wiederbesetzung des Landes. Bauernregiment unter Andreas Hofer. Zusammenbruch der Erhebung im November.
1810 Andreas Hofer wird am 20.Februar in Mantua erschossen. Napoleon teilt Tirol zwischen Bayern, Italien und Frankreich auf.
1814 Wiedervereinigung Tirols mit Österreich nach Ende der Napoleonischen Herrschaft.
1849 Revolution in Wien, Kaiser Ferdinand I. flüchtet nach Innsbruck.

Teilung Tirols

1919 Nach Ende des Ersten Weltkriegs wird Südtirol Italien zugesprochen (Staatsvertrag von Saint-Germain).
1922 Faschistischer „Marsch auf Bozen“. Mussolini ergreift die Macht in Italien. Beginn der systematischen Italianisierung Südtirols.
1923 Vereinigung Südtirols („Alto Adige“) mit dem Trentino.
1938 Einmarsch Hitlers in Österreich: Tirol und Vorarlberg werden zu einem Gau, Osttirol kommt zu Kärnten.
1939 Deutsch-Italienisches Abkommen zur Umsiedlung der Südtiroler nach Deutschland. Bis 1943 wandern etwa 70 000 Südtiroler ab.
1946 Besondere Rechte für die Südtiroler (Pariser Abkommen).
1947 Osttirol wird wieder mit (Nord-)Tirol vereint.
1961 Terroranschläge in Südtirol wegen der Nichteinhaltung des Pariser Abkommens. Das Südtirol-Problem kommt vor die UNO. Österreich und Italien beschließen „Südtirol-Paket“.
1964 Olympische Winterspiele in Innsbruck.
1971 Autonomiestatus für die Region „Trentino-Südtirol“.
1976 Olympische Winterspiele in Innsbruck.
1991 In den Ötztaler Alpen wird die ca. 5000 Jahre alte Mumie eines Mannes gefunden.
1995 Österreich tritt der EU bei.

MERIAN

Heft 2/2004, Februar, Erstverkaufstag dieser Ausgabe ist der 22.01.2004

MERIAN erscheint monatlich im Jahreszeiten Verlag GmbH, Poßmoorweg 5, 22301 Hamburg
Tel. 040/27 17-0, Fax 040/27 17-20 56 **Anschrift der Redaktion:** Harvestehuder Weg 42, 20149 Hamburg
Postfach 130444, 20139 Hamburg, E-Mail: Redaktion@Merian.de, Tel. 040/441 88-231, 441 88-240
Fax 040/441 88-310 **Website:** www.merian.de **Leserservice:** Postfach 601220, 22212 Hamburg
Tel. 040/87 97 35 40, Fax 040/27 17 - 20 79

Herausgeber:
Manfred Bissinger
Chefredakteur: Andreas Hallaschka
Art Directorin: Sabine Lehmann **Chef vom Dienst:** Tibor M. Ridegh **Redakteure:** Kathrin Sander, Charlotte von Saurma, Thomas Gebhardt (freie Mitarbeit), Thorsten Kolle (freie Mitarbeit)
Redakteur dieses Heftes: Thorsten Kolle **Schlussredaktion:** Tibor M. Ridegh, Jasmin Wolf (stv.)
Layout: Katharina Holstein, Ingrid Koltermann, Dorothee Schweizer (stellv. Art Directorin)
Bildredaktion: Hanni Rapp, Maria Hoffmann (freie Mitarbeit), Eva M. Ohms, Maria von Rospatt (freie Mitarbeit) **Bildredakteurin dieses Heftes:** Hanni Rapp **Kartographie:** Peter Münch
Dokumentation: Jasmin Wolf, Petra Wiechmann (freie Mitarbeit), Andrea Wolf (freie Mitarbeit)
Mitarbeit: Helmut Golinger **Herstellung:** Karin Harder **Redaktionsassistenz:** Sabine Birnbach, Katrin Eggers
Geschäftsführung Premium Magazine: Peter Rensmann
Gesamt-Anzeigenleitung: Roberto Sprengel **Anzeigenleitung:** Christel Janßen
Anzeigenstruktur: Patricia Hoffnauer **Marketing:** Kenny Machaczek, Ulrich Rieger, Sonja Wünkhaus
Vertriebsleitung: Jörg-Michael Westerkamp (Zeitschriftenhandel), Jan Wiesemann (Buchhandel)
Verantwortlich für den redaktionellen Inhalt: Andreas Hallaschka
Verantwortlich für Anzeigen: Roberto Sprengel

Verlagsbüros Inland:
Hamburg: Tel. 040/27 17-25 95, Fax -2520, E-Mail: vb-hamburg@jalag.de
Berlin: Tel. 030/80 96 23-60, Fax -70, E-Mail: vb-berlin@jalag.de
Hannover: Tel. 0511/85 61 42-0, Fax -19, E-Mail: vb-hannover@jalag.de
Düsseldorf: Tel. 0211/901 90-0, Fax -19, E-Mail: vb-duesseldorf@jalag.de
Frankfurt: Tel. 069/97 06 11-0, Fax -44, E-Mail: vb-frankfurt@jalag.de
Stuttgart: Tel. 0711/966 66-520, Fax -22, E-Mail: vb-stuttgart@jalag.de
München: Tel. 089/99 73 89-30, Fax -44, E-Mail: vb-muenchen@jalag.de

Repräsentanzen Ausland:
Basel: Intermag AG, Tel. +4161/275 46-09, Fax -10, E-Mail: info@intermag.ch
Brüssel: Publicitas Media, Tel. +322/639 84-29, Fax -40, E-Mail: ibellis@publicitas.com
Danderyd: Annonsbolaget JB Media AB, Tel. +46/8753 96 04, Fax 708753240, E-Mail: anette@annonsbolaget.se
Frederiksberg: Jungersted & Brostrøm, Tel. +45/33 22-20 20, Fax -9959, E-Mail: gitte.schuler@jbmedia.dk
London: The Powers Turner Group, Tel. +44 20/7630 99 66 Fax 76 30 99 22, E-Mail: cweiss@publicitas.com
Mailand: Media & Service International Srl, Tel. +39 02/48 00 61 93, Fax 48 19 32 74, E-Mail: info@it-mediaservice.com
Paris: International Magazine Company, Tel. +331/53 64 88 91, Fax 45 00 25 81, E-Mail: imc@international.fr
Madrid: AMB Publicidad y Marketing, S.L., Tel. +34 91/300-54 54, Fax -5181, E-Mail: ambp@retemail.es
Wien: Verlagsbüro Kepreda, Tel. +43 1/87 71 78-2, Fax 877 87 11, E-Mail: 1@kepreda-jahreszeitenverlag.at
New York: The Russell Group Ltd., Tel. +12 12/213 11-55, Fax -60, E-Mail: info@russellgroupltd.com

Die Premium Magazin Gruppe im Jahreszeiten Verlag

A&W Architektur & Wohnen · COUNTRY · DER FEINSCHMECKER · WEIN Gourmet · MERIAN

Gültige Anzeigenpreisliste: Nr. 37d

Preis im Abonnement im Inland monatlich 6,37€ inklusive Zustellung frei Haus. Der Bezugspreis enthält 7% Mehrwertsteuer. Auslandspreise auf Nachfrage. Postgirokonto Hamburg 132 58 42 01 (BLZ 200 100 20)
Commerzbank AG, Hamburg, Konto-Nr. 611657800 (BLZ 200 400 00)
Führen in Lesemappen nur mit Genehmigung des Verlages. Printed in Germany

Weitere Titel im Jahreszeiten Verlag: Für Sie, petra, vital, PRINZ, A&W Architektur & Wohnen, COUNTRY, DER FEINSCHMECKER, WEINGourmet, schöner reisen, ZuhauseWohnen, SelberMachen
Litho: Alphabeta Druckformdienst GmbH, Hamburg. Druck und Verarbeitung: heckel GmbH, Nürnberg, schlott Gruppe
ISBN: 3-7742-6902-5 MERIAN (USPS No. 011-458) is published monthly. The subscription price for the USA is $ 110 per annum. K.O.P.: German Language Publications, Inc., 153 South Dean Street, Englewood NJ 07631. Periodicals postage is paid at Englewood NJ 07631, and at additional mailing offices. Postmaster: send address changes to: MERIAN, German Language Publications, Inc. 153 South Dean Street, Englewood NJ 07631.

JAHRES ZEITEN VERLAG

Ein Unternehmen der
GANSKE VERLAGSGRUPPE

Titel: Die spätsommerliche Alm vor dem Massiv des Wilden Kaisers fotografierte Reinhard Eisele

Bildnachweis

Anordnung in Layout: o=oben, u=unten, r=rechts, l=links, m=Mitte.
Titel: Reinhard Eisele; S. 3 o Jan Greune, m Andreas Riedmiller, u Klaus Bossemeyer; S. 4 Bossemeyer; S. 4/5 A. Niederstrasser/Ag. Lammerhuber; S. 5 o Riedmiller, m Heidorn/laif, u Eisele; S. 6 o G. Wett/Mpreis, m F. Krahmer/okapia, ul T. Podlecki/Fotex, ur M. Gambarini/ddp; S. 8 o Albin Niederstrasser, ul Bettman/Corbis, ur E. Ansotte/AFP /gettyimages; S. 10 m H. Blume/Mauritius, ul J. Meyer/Fotex, um Corbis, ur Timpe/Ullstein; S. 12/13 image2d.com; S. 14 ol Albinger/Schapowalow, or, ul Lois Hechenblaikner, ur R. Schmidt/Huber; S. 15 Peter Mathis; S. 16/17 Mathis; S. 18/19, 20/21, 22, 23 ol, or Lois Lammerhuber; S. 23 ul image2d.com, ur Lammerhuber; S. 24/25 Hechenblaikner; S. 26 Ditmar Kainrath, S. 30-39 Bossemeyer; S. 42 Prof. Arthur Zelger/mit frdl. Genehmigung des Haymon Verlags; S. 44-49 Horst Kloever; S. 52/53 Riedmiller; S. 54/55 Hechenblaikner; S. 55 u Lammerhuber; S. 56/57 o Riedmiller, u Lammerhuber; S. 57, 58 Lammerhuber; S. 59 l Lammerhuber, r Riedmiller; S. 60-64 Riedmiller; S. 66/67 Lammerhuber; S. 66 ul Lammerhuber, um M. Harvey/Wildlife, ru Delpho/Wildlife; S. 68/69 W. Gamerith/Anzenberger; S. 69 ul de Francisco/Wildlife, um R. Nagel/Wildlife, ur Alessandra Sarti & Reinhard Hölzl; S. 70/71 Sarti & Hölzl; S. 71 ul Gommersall/Wildlife, um D. Usher/Wildlife, ur D. Harms/Wildlife; S. 72 l de Francisco/Wildlife, ur Gamerith/Anzenberger; S. 73 ul, um Sarti& Hölzl, ur B. Zoller/Wildlife; S. 74 l Harms/Wildlife, um, ur Sarti & Hölzl; S. 76 P. Blaha/Jahreszeiten Syndication; S. 77 P. Oberleitner/Lammerhuber; S. 78 H. Bischof/Stockfood; S. 79, 80 l Frieder Blickle/Bilderberg; S. 80 r Eising/Stockfood; S. 82-88 Jörg Klaus; S. 90/91 Tourismusverband Sölden; S. 93, 95 Jan Greune; S. 100/101 HochZwei; S. 102 Hermann Erber/Look; S. 104 Stefan Schütz/Look; S. 106 o Thorsten Hönig/defd, u Martina Sandkühler/jump; S. 108-116 Andreas Riedmiller; S. 118/119 Bongarts; S. 119 o Mallaun/Mauritius; S. 120/121 Planetobserver.com; S. 122 o Mallaun/Mauritius, u Ernst Wrba; S. 122/123 Bossemeyer; S. 124 o Mathis, u Mathis/Lammerhuber; S. 125 R. Froese/Anzenberger; S. 126/127 Harry Abfalterer; S. 130 Inka Schmeling; S. 131 image2d.com; S. 132/133 Lammerhuber; S. 134 o Thomas Stankiewicz, u Leo Himsel/Look; S. 138 o Megele/DIZ, m AKG; S. 146 o Marc Oliver Schulz/Focus, lu Christoph Otto, ru Marc Oliver Schulz.

Baden wie einst Filmstars und Fürsten: an der Grand Plage von Biarritz

Moderne Kunst in einem verlassenen Speicher: das Museum CAPC in Bordeaux

Beim Lokalsport geht Stärke über alles: Seilschaften im Baskenland

Zuletzt erschienen:

Januar 2004

Dezember 2003

November 2003

Oktober 2003

September 2003

August 2003

Französische Atlantikküste

Aus dem Inhalt dieses Heftes:

- Bordeaux: Junge Stadt von altem Adel
- Biarritz: Wo der Jetset sich sein Häuschen kauft
- Edle Reben: Zu Besuch im Château Latour
- Kraftakt: Die wahre Stärke des Baskenlands
- Sweet Home Dordogne: Briten lernen Frankreich lieben
- Grünes Labyrinth: Auf den Kanälen des Marais Poitevin

Freuen Sie sich auch auf die nächsten MERIAN-Ausgaben: Leipzig, Lissabon, Harz, Athen und die Kykladen